성공한 기업만 아는

스마트워크의 힘

당신은 언제나 옳습니다. 그대의 삶을 응원합니다. — **라의눈 출판그룹**

성공한 기업만 아는
스마트워크의 힘

초판 1쇄 2015년 1월 8일
2쇄 2020년 9월 3일

지은이 이충섭
펴낸이 설응도   편집주간 안은주
영업책임 민경업

펴낸곳 라의눈

출판등록 2014 년 1 월 13 일(제 2014-000011호)
주소 서울시 강남구 테헤란로 78 길 14-12(대치동) 동영빌딩 4층
전화 02-466-1283   팩스 02-466-1301

문의(e-mail)
편집 editor@eyeofra.co.kr
마케팅 marketing@eyeofra.co.kr
경영지원 management@eyeofra.co.kr

ISBN : 979-11-86039-11-3 13320

성공한 기업만 아는
스마트워크의 힘

도 입 부 터   운 영 까 지   단 계 별   노 하 우

● 이충섭 지음 ●

라의눈

봉변逢變을 택할 것인가,
능변能變을 택할 것인가!

미국에서 공부를 마치고 대기업에 입사해 가장 크게 놀란 점이 있었다. 바로 비효율성이다. 쓸데없는 일이 너무 많았다. 일단 근무시간이 너무 길었다. 아침 8시에 출근해 저녁 9시는 되어야 퇴근을 했다. 근무시간이 기니, 직원들은 일과시간에 개인적인 일을 보느라 오후에는 사무실에 사람들이 없었다. 결제를 기다리는 시간도 많고, 쓸데없는 회의도 많았다. 회의를 쫓아다니느라 정작 일할 시간은 부족했다. 출퇴근으로 빼앗기는 시간도 많았다. 정보 공유도 되지 않아 다른 부서에서 이미 한 일을 새로 하느라 많은 시간과 비용을 써야 했다.

그러다 보니 사람도 지치고 조직도 지쳤다. 하는 일도 별로 없고 성과도 나지 않는데, 모두가 피곤했다. 참으로 이상했다. 당시 나는 열심히만 일하지 말고 '스마트'하게 일하자고 외치며 나름 실천을 했지만 역부족이었다. 사람들의 인식도 그랬고, 여러 시스템이 이를 뒷받침하지 못해 일어난 일이었다. 나는 젊은 나이에 대기업 임원이 됐지만 회사 생활에 별 매력을 느끼지 못했다. 중요한 이유 중 하나는 내 '생활'이 없었기 때문이다. 근무시간이 너무도 길었다. 거의 모든 시간을 회사에 잡혀 있어야 했다. 그렇다고 영양가 있는 일을 하는 것도 아니었다. 일 잘하는 사람이나 못 하는 사람이나 똑같이 출근하고 퇴근하는 것이 싫었다. 업무 내용보다는 몇 시까지 회사에 남아 있는가로 평가를 하는 상사도 맘에 들지 않았다. 오랫동안 일은 하지만 실력이 그다지 늘지 않는 것 같다는 생각도 나를 힘들게 했다.

지금도 이런 일은 반복되고 있다. 가장 머리가 맑은 아침 시간을 출근하는데 다 써버린다. 출근을 하고 나면 진이 빠져 정작 일은 못한다. 그 외에도 별 부가가치 없는 일에 엄청난 시간과 에너지를 쓴다. 회의 시간 잡는 데, 상사의 스케줄을 알아 결제를 받는 데, 다른 부서 사람들과 업무 협조를 하는 데, 회사 내에 흩어져 있는 정보를 알아내는 데……

이 책을 보면서 자극을 받았다. 다시 직장생활을 하고 싶었다. 정보기술이 직장을 이렇게까지 변화시킬 수 있다는 사실에 놀랐다. 이렇게 스마트하게 일을 하면 개인도 발전하고 조직도 성과를 낼 수 있을 거라는 생각이 들었다.

나는 개인적으로 스마트워크에 관심이 많다. 내가 생각하는 스마트워크는 이렇다. 스마트하게 일하기 위해서는 첫째, 하지 말아야 할 일, 낭비가 되는 일을 조사해 어떻게 하면 이를 없앨 수 있을까를 생각해야 한다. 글로벌기업의 조건이 뭐라고 생각하는가? 내가 생각하는 글로벌기업의 기준 중 넘버 원은 재택근무가 가능한지 여부이다. 지금 같이 통신이 발달한 시대에 왜 꼭 출근을 해야 하는가? 모두 같은 시간에 출근을 하고 퇴근을 할 이유가 있는가? 이 책은 여기에 많은 시간을 할애한다. 이미 잘하고 있는 네덜란드 사례가 본받을 만하다. 대부분의 기업이 동네마다 스마트워크 센터를 운영해 출퇴근을 최소화하고 있다고 한다. 출퇴근 문제만 해결해도 육아 때문에 직장을 그만두는 사람이 줄어들 것이다. 이는 물론 출산문제에도 긍정적인 영향을 미칠 것이다. 교통체증 문제와 환경 문제에도 일조할 수 있다.

둘째, 정보공유를 통한 생산성 향상이다. 직원들이 가장 힘들어 하는 것 중 하나는 회의시간을 잡는 일이다. 다들 바쁘다 보니 빈 시간을 잡는 것이 하늘의 별 따기다. 특히 높은 사람의 일정을 확인해 맞추는 것은 예술에 가깝다. 어렵게 잡아도 한 사람에게 무슨 일이 생기면 또 다시 일정을 잡아야 한다. 비효율도 그런 비효율이 없다. 이 책에 나온 포스코 사례는 그래서 배울 만하다. 자신의 일정을 스마트워크 시스템에 입력한다. 회의를 잡는 사람은 참석 대상자를 클릭하면 시스템에서 자동으로 공통으로 비는 시간을 찾아낸다. 그것을 바탕으로 회의 시간을 잡으면 된다. 자료를 찾는 것도 쉽다. 다른 사람이 한 일인지, 이 일을 하는데 필요한 서류가 있는지, 모르는 일은 누구에게 물어보면 되는지도 시스템이 알아서 해결점을 찾아준다.

셋째, 공간활용을 통한 스마트워크이다. 내가 아는 모 회사는 비싼 임대료 때문에 고민이 컸다. 직원은 늘어나는데 거기에 따라 사무실을 키우면 고정비가 늘기 때문이다. 그래서 찾은 것이 스마트오피스이다. 사무실에 머무는 시간이 적은 영업사원을 현장으로 내보내고, 공간활용을 최대화하자는 것이 목표였다. 결과는 대성공이었다. 비용절감은 기본이고 업무협조가 훨씬 원활해졌다. 필요할 때마다 옆자리에 나란히 앉아 일을 하기 때문이다.

열심히 일하는 것으로 우리는 여기까지 왔다. 하지만 딱 여기까지이다. 몸으로 때우는 것에는 한계가 있다. 지금부터는 머리를 써야 한다. 왜 이 일을 해야 하는지, 어떻게 해야 효과적으로 할 수 있는지, 다른 사람과 함께 시너지를 낼 수 있는 방법은 없는지, 이 일을 혼자 하는 게 나은지 아니면 같이 하는 게 나은지를 공부해 효과성을 추구하는 것이 스마트워크이다.

개인적으로 나는 요즘 『주역』을 공부하고 있다. 주역의 핵심은 변화이다. 세상은 변하고, 사람도 변하고, 나도 변한다는 것이다. 끊임없이 변해야 한다. 변화에 잘 적응하는 것을 능변能變이라 하고, 변화에 적응하지 못하는 것을 봉변逢變이라 한다. 변화에 적응 못하면 봉변을 당한다. 모두가 잘 알다시피 지금 우리 경제는 어렵다. 그 이유 중 하나는 변화에 적응하지 못하기 때문이다. 나는 이 책에서 말하는 스마트워크가 해법 중 하나라고 생각한다. 기존의 업무 방식에 변화를 주고, 거기에 정보통신 기술을 접목하면 봉변 대신 능변을 할 수 있을 것이다.

한근태(한스컨설팅 대표)

스마트워크의 본질을 일깨운다

스마트워크만큼 다양한 의미로 통용되는 용어도 많지 않다. 휴대폰 등 이동형 단말기를 활용한 원격 업무 처리를 의미하기도 하고, 출퇴근 시간, 업무 장소 등 기존의 틀에 박힌 업무 방식을 자율화하는 것을 의미하기도 한다. 과거의 상명하복식 의사결정 구조를 수평식이나 상향식의 민주적 의사결정 체제로 전환하는 것을 가리키기도 하고, 정해진 업무 외에 직원들이 자율적으로 관심사항을 정해 창의활동을 수행하는 것을 뜻하기도 한다.

위의 정의들은 각각 상이한 방법이나 수단을 스마트워크라고 정의하고 있지만, 공통적으로 '화이트칼라가 수행하는 업무의 낭비를 줄여서 생산성을 향상시킨다'는 동일한 목표를 가지고 있다. 화이트칼라의 생산성을 방해하는 장애요인은 회사마다, 업무마다 다르고 그 해결책 또한 다양할 수밖에 없다.

그런데 현재 스마트워크를 도입하는 기업들은 안타깝게도 회사의 사무 생산성을 저해하는 문제들을 종합적으로 해결하기보다는 단편적으로 접근하고 있는 것이 현실이다. 스마트폰이나 영상회의 시스템 등 사무 업무를 지원할 수 있는 솔루션을 도입하고 스마트워크를 하고 있다고 선언하거나, 출퇴근 시간 자율 선택제를 도입하고 스마트워크를 도입했다고 하는 기업들이 대부분이니 말이다. 과연 이 기업들의 화이트칼라 생산성이 얼마나 향상되었을까? 혹시 회의나 보고, 상명하달식 의사결정이 문제가 되는 회사가 IT 시스템만 도입하고 스마트워크를 하고 있다고 착각하고 있는 것은 아닐까?

이 책은 스마트워크의 본질을 다시 한번 생각하게 하고, 다양한 관점의 해결 방안을 종합적으로 다루고 있는 보기 드문 책이다. 특히 저자가 지난 3년간 직접 관여한 포스코 그룹의 스마트워크 추진 사례는 매우 눈여겨볼 만하다. 포스코는 회사 전체뿐만 아니라 다양한 업무 유형별로 화이트칼라의 생산성을 저하시키는 문제점을 정의하고, 시스템 도입뿐만 아니라 프로세스, 인사제도, 기업문화 혁신까지 종합적으로 스마트워크를 추진한 매우 드문 사례이기 때문이다. 나 또한 저자와 함께 포스코 스마트워크 추진을 도왔었는데, 돌이켜보면 시행 착오도 있었고 아쉬운 점도 있었다. 그러나 이러한 부분까지도 고스란히 전해주는 이 책이야말로 독자에게는 소중한 간접 경험이 될 수 있을 것이라고 본다.

　과거 한국 경제를 이끌어 왔던 것은 현장노동자의 생산성이었다고 할 수 있다. 다른 나라보다 저임금이지만 뛰어난 기능을 지닌 이들의 우수한 생산성이 우리 경제를 끌고 왔던 것이다. 그러나 앞으로 제조업의 비중이 줄어드는 한국 경제의 경쟁력은 화이트칼라의 생산성에 의해 결정될 거라고 전망한다. 그러한 시점에 이런 책이 출간되었다는 것이 매우 의미 있다고 생각한다.

김시정(더키투웨이컨설팅 상무)

워크 앤 라이프 밸런스!

국내 회사와 외국계 회사를 모두 경험한 나로서는 스마트워크의 첫 충격은 단순히 '신선했다'라는 표현만으로는 부족한, 그야말로 신세계였다. 좌석을 예약제로 운영하는 모바일 오피스, 유연한 출근시간 제도, 전화회의, 메신저를 통한 회사 업무, 그리고 그런 요소들이 분명 작용되었다고 믿는 회사의 분위기까지.

어느 날 저녁, 7시쯤 퇴근하시던 부장님이 아직 갈 채비를 하지 않는 나에게 "오늘도 또 야근하나?"라고 물으셨다. 그랬다. 그 당시의 나는 국내 회사에서 첫 사회생활을 했던 습관이 남아있기도 했고, 아직 새로운 환경의 회사와 일이 적응이 안 되어 왠지 일찍 나가면 안 된다는 죄책감에 사로잡혀, 내일 할 일을 오늘 미리 해놓으면 내일이 가벼울 거란 생각에 늘 늦게 가곤 했다. 지금 생각해보면 참 슬픈 습관이었던 것 같다. 부장님께서는 아마 나의 그런 늦은 퇴근 모습이 눈에 띄셨던 모양이었다. 따뜻한 격려의 말을 기다리며 공손히 웃고 있던 내게 부장님께서는 온화하지만 간결하고 낮은 톤으로 그날의 상황을 모두 정리해주셨다. 아니 그 이전의 날들을 모두 정리해주셨다고 하는 게 맞겠다.

"야근을 많이 한다는 것은 스스로 업무를 그만큼 컨트롤하지 못하고 있다는 거야. 무엇이 잘못된 건지 잘 생각해봐."

사실 늦게까지 남아있다고 해서 무언가 중요한 일을, 지금 아니면 안 되는 촌각을 다투는 일들을 하고 있었던 것은 아니지 않은가. 생각해보면 나는 항상 업무의 우선순위도 명확하지 않았고, 지금 당장 해야 할 일과 나중에 해도 되는 일들의 구분도 명확하지 못했던 것 같다. 벌써 오래 전의 스마트워크 플레이스 시스템이었다 하더라도 분명 최소한 업무 내 시간을 허투루 쏟게 하지는 않는 워크 시스템이었으니, 중요하지 않은 일들을 쥐고 습관처럼 늦게까지 남아 일하는 사람이 '스마트' 해보이진 않았을 게 분명했다.

그 일 이후로는 회사의 모든 시스템과 방법을 더 적극적으로 이용하기 시작했다. 퇴근 이후 나의 자기계발 시간을 찾기 위한 노력은 '스마트워크'가 그냥 '똑똑한 업무'가 아님을 알게 해주었다. 지금은 집과 직장이 유난히 먼 나는 성실함을 보여준다는 이유로 그 먼 출퇴근 시간을 길에서 쏟고 녹초가 된 심신으로 업무를 보기보다는 사무실과 동일한 조건의 제약이 없는 시스템을 이용하여 재택근무를 하는 것이 훨씬 효율적이라는 것을 이미 다년간의 체험으로 숙지하고 있다.(재택근무를 해본 사람들은 알 것이다. 오히려 재택근무를 하면 회사에서보다 더 많은 업무를 하게 된다. 심지어 가끔 점심시간인 것도 잊고 일하기도 한다.)

　나는 운이 좋아 맛있게 잘 차려진 밥상을 제공해주는 글로벌 IT회사에서 무엇보다 스마트워크를 위한 솔루션 제품을 시장에 소개하는 일을 하는 것이 너무 자랑스럽고 기뻤지만, 한편으로는 이 책을 읽은 후 얼굴이 조금 달아오를 수밖에 없었다. 나는 그저 '스마트워크 유저'였을 뿐 'How to be smart'를 위한 각각의 시스템들이 어떤 고민과 시행착오를 통해 단련되어 왔는지, 궁극의 목적이 무엇인지를 이 책을 통해 비로소 들여다보게 되었기 때문이다.

스마트워크로 가는 길은 명확하다. 그러나 독자들도 충분히 고민하고, 고민해봤으면 한다. 단언컨대, 마지막 결단은 매우 빠르게 결정할 수 있을 것이다. 나의 직원들이 가장 효율적으로 업무에 몰입하여 할 수 있는 방법이 무엇인지, 그리고 그들의 워크 앤 라이프Work and Life를 소소하게 공유하는 즐거움이 무엇인지 다 함께 체험해보았으면 한다. 이 책을 통해 그 답을 미리 알았으니, 우리는 결정만 하면 된다.

정연경(IBM 협업솔루션 마케팅 과장)

스마트폰 쓴다고
스마트워크입니까?

21세기, 우리는 '스마트'라는 단어의 홍수 속에 살고 있다. 스마트폰, 스마트워크, 스마트빌딩, 스마트시스템, 스마트카, 스마트워치, 스마트러닝 등 온갖 최신 것에다 모두 '스마트'를 붙이는 것이 트렌드인 듯하다.

스마트Smart의 사전적 의미는 '또렷하고 분명한, 사리에 밝고 총명하다'는 뜻이지만 이제는 최첨단, 인공지능적이라는 뜻으로도 쓰이고 있고 나아가서는 사회적 변혁을 대표하는 화두이자 대명사가 되었다.

스마트워크는 정보통신 기술을 활용하여 '언제Anytime' '어디서나 Anywhere' 시간과 장소의 제약을 뛰어넘어 일할 수 있는 업무 방식이라는 뜻으로 사용되기 시작하였는데, 이제는 스마트폰 보급 4천만 대 시대를 기반으로 기업과 관공서는 물론 사회 전반에 걸친 유행어가 되었다. 스마트폰의 보급은 4천만 대를 돌파해서 전 세계에서 가장 높은 보급률을 기록하고 있고 하루 평균 3시간씩 사용하고 있다.

그렇지만 사용자의 입장에서는 왜 스마트워크를 위해 한 달이 멀다

하고 쏟아지는 최신 모델의 스마트기기 구입에 드는 지출을 감당해야 하는지, 의구심과 피로감이 들기도 할 것이다. 회사에서도 스마트워크를 도입한다고 막대한 비용을 들이고, 직원들은 절차를 따르지만 업무의 양이 줄어드는 효율성을 딱히 체감하지 못한다. 야근이나 초과근무가 줄지도 않았다. 한마디로 '누구를 위해 종을 울리는지' 모르겠다는 생각이 드는 것이다.

스마트워크 도입을 위한 사전 변화관리 강의나 세미나를 할 때마다 내가 꼭 사용하는 유머가 있다. 스마트라는 의미가 시대와 여건에 따라 여러 다른 의미로 쓰일 수 있다는 것과 스마트워크를 통해 궁극적으로 추구하고자 하는 것을 설명하기 위해 모든 강의마다 하는 이야기다.

먼저 남녀 간 연애 방정식이다. 스마트한 남녀가 만나서 연애를 하면 그저 연애만 하고 로맨스로 끝나지만, 약은 사내와 그렇지 않은 여자가 만나면 불륜으로 끝나는 확률도 많다.

반대로 여자는 똑똑한데 남자는 그렇지 않다면, 결혼으로 골인하기도 한다. 문제는 남녀 모두 미련하게 사랑을 나누면 원치 않는 임신으로 이어질 수 있다는 서양의 유머다.

상사와 직원의 일하는 방식에 따른 결과도 있다. 상사와 직원 모두 스마트하게 일한다면 당연히 회사의 수익은 많아지겠지만, 상사만

▶ 남녀관계 연애 방정식

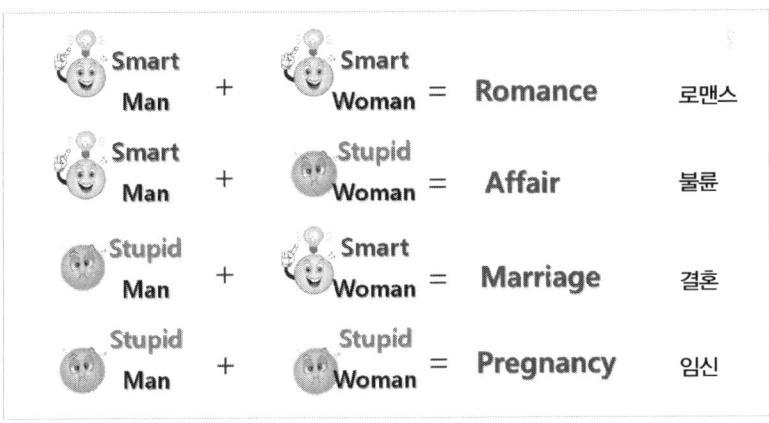

똑똑하고 직원은 그렇지 않다면 어떨까? 상사가 힘은 들겠지만 그래도 회사는 돌아간다. 그런데 반대로 직원은 똑소리 나는데 상사가 미련하다면? 아래 직원이 더 높은 자리로 승진할 수도 있다.

문제는 상사와 직원 모두 미련하게 일할 때인데, 그 결과는 야근이라고 한다. 외국에서 왜 맹목적인 야근에 대해 이해하지 못하고 오히

❖ 상사와 직원간의 관계 방정식

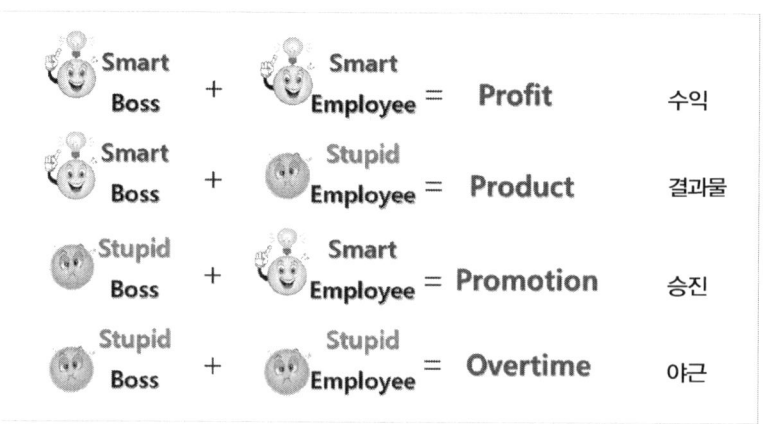

Smart Boss + Smart Employee = Profit			수익
Smart Boss + Stupid Employee = Product			결과물
Stupid Boss + Smart Employee = Promotion			승진
Stupid Boss + Stupid Employee = Overtime			야근

려 무능한 사람으로 여기는지에 대한 해답이 바로 여기에 있다.

직원들에게 스마트워크를 도입하고자 하는 목적과 이를 통해 얻고자 하는 열매도 똑같다. 회사는 이익을 더 많이 창출하고 직원은 일하는 방식을 효율화해서, 야근하지 말고 일찍 퇴근하여 '저녁이 있는 삶'을 누리며 살자는 것이다.

스마트워크는 최신 스마트기기를 써야만 가능한 것이 아니다. 마찬가지로, 스마트시스템은 사람과 그의 일을 지원하는 도구일 뿐이다. 스마트워크의 목적이 기업이나 정부의 비용절감과 생산성 향상을 위해 사용자에게 강요가 되어서는 안 된다는 뜻이다. 스마트기기 산업을 국가 경쟁력으로 삼기 위해 최신 스마트기기 소비 촉진만을 장려하는 분위기만 조성되어서도 안 된다.

그렇다면 대한민국 직장인들이 스마트워크에 대해 가지는 인식은 어떨까? 결론부터 말하자면, '그런 말은 들어봤는데 정확히 무엇인지 모르겠다' '해본적은 없지만 일단 호감이 간다' 정도이다.

엠브레인 트렌드모니터에서 "스마트워크에 대한 태도 조사"를 실시했다. 온라인으로 전국적으로 20대부터 50대까지의 직장인 1천 명을 대상으로, 2011년부터 2013년까지 추적조사를 실시했다.

조사결과를 보면 스마트워크를 알고 있는가에 대한 질문에 13퍼센트는 단어의 의미를 알고 있다고 응답했지만, 48.1퍼센트는 단어는 들어봤지만 의미를 모르겠다고 응답했고, 38.9퍼센트는 단어조차 들어본 적이 없다고 응답했다. 즉, 응답자의 87퍼센트가 스마트워크에 대한 개념이 없는 것이다. 연령대로 보면 50대 직장인이 인지도가 가장 낮았으며, 회사규모로 보았을 때는 규모가 작을수록 저조한 인지도를 보였다. 한마디로 스마트워크에 대해서도 빈익빈 부익부 현상이 적용되고 있었다.

그렇지만 스마트워크에 대한 호감도는 모든 규모의 회사에서 상당히 높았다. 전체 응답자의 73.5퍼센트가 스마트워크에 호감을 가지고 있는 반면, 6퍼센트 정도만이 비호감이라고 응답했다. 어떤 방식의 스마트워크를 선호하는가를 묻는 질문에는 홈오피스가 53.2퍼센트로 가장 높았고, 모바일 오피스가 25.2퍼센트, 스마트오피스가 21.6퍼센트로 뒤를 이었다.

그렇다면 직장인들은 실제로 얼마나 스마트워크를 경험했을까? 안타깝게도 절반이 넘는 인원이 스마트워크를 전혀 경험해 보지 못한 것으로 조사되었다. 모바일 오피스는 19.0퍼센트, 홈오피스는 21.8퍼센트, 스마트오피스는 7.7퍼센트 정도로 경험하였으나, 58.1퍼센트는 스마트워크를 전혀 경험해 보지 않은 것으로 나타났다.

직장인들은 이러한 스마트워크의 장점을 무엇이라고 생각할까? 직장인들은 '회사의 일과 개인적인 일을 병행할 수 있는 것(75.0퍼센트)'을 스마트워크의 가장 큰 장점으로 꼽았다. 이어서 '점심값·차비 등의 비용절감(59.9퍼센트)'이 2위, '자신의 생활 리듬에 맞게 업무 강도 수행(55.2퍼센트)'이 3위를 차지했다.

반대로 직장인들은 스마트워크의 단점은 무엇이라고 생각할까? 가장 큰 단점은 '회사 동료들과의 관계 형성이 어렵다는 것(64.4퍼센트)'이다. 그리고 '일과 생활의 구분이 어렵다는 것(54.6퍼센트)', '업무의 내용을 공유하기 힘들다는 것(50.8퍼센트)'이 뒤를 이었다.

결과를 통해 알 수 있듯이 우리나라 직장인들에게 스마트워크는 아직은 낯선 개념이며, 경험해 본 사람도 그리 많지 않은 근무형태라고 할 수 있을 것이다. 하지만 기존의 근무형태를 벗어나 새로운 방식을 적용할 수 있다는 기대감이 스마트워크에 대한 호감으로 나타나고 있다. 물론, 스마트워크의 장점 중에 보다 '창의적인 일을 할 수 있다'거나 '업무의 집중 효율이 증가되는 것'처럼 가치가 높은 내용들에 대한 기대감이 비교적 낮은 것, 다양하게 존재하는 단점에 대한 인식은 스마트워크가 확산되면서 극복해야 할 점이다.

스마트워크 도입과 성공의 키워드는 사용자들의 올바른 이해가 우선이다. 스마트워크를 통해서만이 아니더라도 이제는 OECD 선진국으로서의 체면치레가 아닌, 필연적 명제로 일과 삶의 조화를 추구할 때가 되었다. 스마트기기나 시스템을 완벽히 구축하지 않고서도 작은 실천과 변화로도 얼마든지 스마트워크를 추구할 수 있다.

이 책이 혁신담당자 또는 변화관리자라는 이름의 의구심 가득한 직원들 앞에서 식은땀을 흘리며 열변을 토하고 있을 사내 강사들에게도 작은 도움이 되었으면 한다. 직원이 직원을 변화시키려고 나서는 자체가 크나큰 도전이고 새로운 삶으로의 변화에 직면한 순간이다. 26개사 4만여 명의 스마트워크 도입을 위해 3년간 500여 차례의 강의를 통해 체득한 나의 경험이 이들의 도전에 '스마트한' 날개가 되었으면 하는 바람이다.

차례

당신의 회사는
스마트하십니까?

PART 2 어설픈 스마트워크가 사람 잡는다

PART 3 오늘은 오후 4시에 퇴근하겠습니다!

기업의 스마트워크는 계속 진화 중

스마트워크, 도입부터 스마트해야 한다

스마트워크 도입 전에 알아야 할 것들

당신의 회사는
스마트하십니까?

01

스마트한 인간존중 기업문화 정착,
미국의 구글

스마트워크에 관한 회사 간 업무 협업을 위해 2년간 구글과 일한 경험이 있다. 그 기간 동안 느낀 점은 구글이란 기업이 '인간적인' 기업문화를 갖고 있다는 것이었다. 구글의 스마트워크 성공사례를 분석하는 벤치마킹으로 시작했다가, 그들에게 있어서 한국 최대 고객이되었다. 그 과정에서 다양한 계층의 직원들을 알면 알수록 스마트워크에 앞서 인간존중 사상에 대해 느낀 바가 많았다. 그리고 그것은 개개인의 성향의 문제가 아니라, 회사의 정책과 제도가 이를 이끌어내고 형성했다고 느꼈다.

너무나 많은 사람들이 알고 있겠지만, 구글은 스탠퍼드대학교 박사과정에 재학 중이던 래리 페이지Page와 세르게이 브린Brin이 1998년학교 내 조그만 실험실에서 창업한, 말 그대로 벤처회사였다.

2000년에 키워드 광고 판매를 시작한 후 사업의 규모가 어마어마하게 확장되면서, 불과 15년 만인 2014년 기준으로 약 5만여 명의 직원을 거느린 글로벌 기업으로 성장했다. 당시 전 세계 검색 시장을 호령했던 공룡 야후를 무너뜨렸고, 현재는 전 세계 검색 시장의 90퍼센트, 모바일 OS시장의 60퍼센트를 차지하고 있다. 삼성, LG폰도 구글이 안드로이드OS를 허락하지 않으면 무용지물이 되고 만다. 구글 글래스, 무인자동차, 구글 스트릿뷰 등 창의적인 아이디어를 사업화하여 전 세계를 놀라게 하고 있으며 세계 지식산업을 선도하고 있다.

이러한 명성에 걸맞게 매월 입사지원자만 해도 전체 직원 5만 명의 2배 규모인 10만 명에 이른다. 채용담당자만 1천 명이 넘고, 하버드대학교 입학보다도 더 입사하기 힘들다는 꿈의 직장이다.

직원을 배려하고 창의적인 근무환경

내가 구글 본사를 처음 방문하게 되었을 때 마음속으로 관전 포인트를 하나 생각해 두었다.

"가장 먼저 눈에 띄는 구글 기업문화의 특이점은 무엇일까?"

그러나 부끄럽게도, 내 눈에 가장 먼저 들어온 것은 다른 어떤 것도 아닌 사무실에 구비되어 있는 풍성한 간식들이었다. 향이 다른 고급

원두커피는 물론이거니와 초콜릿, 쿠키, 머핀, 샌드위치, 생과일, 심지어는 프라이드치킨까지 있는 게 아닌가! 3대나 되는 업소용 대형 투명 냉장고 안에는 음료수 종류만도 수십 가지가 진열되어 있었다. 게다가 원한다면 퇴근길에 얼마든지 집으로 가져가도 된다고 했다. 점심시간에 구내식당에 펼쳐진 광경은 그야말로 장관이었다. 호텔 뷔페라도 되는 양 세계 각국의 수십 가지 음식이 요리되어 있었기 때문이다.

✔ 숫자로 보는 Google			
창립일자	1998년 9월	서비스이용자수	구글메일 3억5천만명
직원수	5만 3,546명		유튜브 월평균 8억명
시장점유율	세계 검색 시장의 89%	번역지원언어수	총 64개 언어
	세계 모바일 OS 시장의 60%	입사지원자수	월평균 10만명

구글 직원은 눈이 휘둥그레진 내게 이렇게 말했다.

"집에서 TV를 보다가 냉장고 문을 열었는데 텅 비어 있으면 짜증나잖아요? 우리는 사무실 반경 30미터 이내에 먹거리를 풍성하게 해둡니다. 그것도 최고급으로 제공하죠. 그래야 집처럼 편안하게 일할 수 있거든요."

음식만이 아니었다. 구글의 근무 환경은 전 세계 많은 기업들이 벤치마킹을 하기 위해 수없이 방문할 정도로, 재미있는 콘셉트와 직원 중심의 환경 구성으로 유명하다. 또한 1등급 식사, 헬스클럽, 세탁실, 드라이클리닝 시설, 마사지실, 미용실, 세차 시설, 출퇴근용 버스 등 구글 직원들은 셀 수 없이 많은 복지 혜택을 누리고 있다. 바빠서 미용실 갈 시간도 없으니 미용실이 있으면 좋겠다거나, 세차하러 멀리 가지 않도록 주차장 한쪽에 세차 시설을 마련해 주면 안 되겠냐는 직원들의 고충을 적극적으로 수용한 결과다.

4층에 있는 에릭 슈미츠 회장에게 보고를 하러 다녀온 직원도 나를 깜짝 놀라게 했다. 회사 대표에게 보고를 하기 전후에 긴장을 하는 건 어느 나라든 마찬가지일 것이다. 그런데 직원은 발랄한 얼굴로 4층에서 미끄럼틀을 타고 순식간에 1층으로 내려가 버렸다. 슈미츠 회장도 퇴근할 땐 미끄럼틀을 타고 내려가는 날이 많다고 한다.

거창한 구호로만 "재밌고 신나게 일합시다" "창의력을 발휘합시다"라고 백날 떠드는 것보다 윗사람부터 솔선수범하여 벽을 깨고 허물없이 행동하는 분위기에서 거침없는 소통이 오갈 수 있다. 그러하기에 직원들 사이에서 활력과 창의력이 끊임없이 솟아날 수 있는 것이다.

왜 구글의 기업문화가 많은 나라에서 화제가 되고 있는지 알 것 같았다. 구글 문화를 처음 접할 때는 어쩌면 세계에서 손꼽히는 경제규모를 갖고 있는 기업이기에 가능한 '배부른 복지 제도'들이 아닐까 하는 생각을 한 것도 사실이었다. 그러나 직원을 인간적으로 배려하는 것이 얼마나 큰 성과로 이어지는지 점점 이해가 가기 시작하면서, 한국기업들은 물론 사회적으로도 꼭 한번 소개하고 싶었다. 그 한 예가 구글의 '회사 시설 가이드'다.

스마트한 직원평가제도로 업무효율성 유도

나와 우리 팀을 안내하는 가이드는 무척 유쾌한 사람이었다. 시설을 안내할 때에도 뒷모습을 보여주지 않고 항상 우리와 눈을 맞추며 말하는 모습이 인상적이었다. 재미있는 공연을 보는 것처럼 시종일관 유쾌하게 분위기를 이끌었고, 마이클 잭슨의 문워크를 선보이기도 했다. 역시 세계 각국의 손님들이 많이 방문해서인지 가이드 한 명을 고용할 때에도 '끼'가 있는 전문가를 쓰는구나 싶었다. 시설 견학을 마친 후 가이드가 떠났고 우리는 구글 직원에게 물었다.

"저런 가이드의 연봉은 얼마쯤 됩니까?"

"가이드요? 아, 방금 그 사람도 구글의 직원입니다. 현장 직원 중 한 명이 자원봉사를 한 거죠."

"네?"

직원이 자신의 업무 외에 가이드 일을 이토록 세련되게 수행할 수 있었던 것은 바로 구글의 스마트한 평가제도 때문이었다. 구글에서는 직원 개개인이 연간목표계획을 100퍼센트 달성해 봐야 전체 점수의 50퍼센트를 획득하는 것에 지나지 않는다. 나머지 50퍼센트는 계획에 없던 일을 얼마나 잘 해냈던지로 평가를 받는다. 회사 업무 중에는 직원들 각자 본래의 업무 외에도 팀 내 공통 업무, 돌발적인 업무, 휴가나 출장 등으로 생긴 동료의 공백업무, 타 부서의 협조요청, 외부 강연 등 다른 업무가 분명히 있다. 구글은 이러한 업무 성격을 분명히 이해하고 직원들이 이에 대해 적극적으로 나서도록 제도적으로 뒷받침하는 것이다.

⬇ 세계 각지 오피스에 설치된 미끄럼틀, 마운틴뷰 · 디트로이드 · 샌프란시스코

가이드 업무의 경우 일을 마친 후 고객들로부터 평가를 받는다. 가이드 일을 잘해서 별 5개를 받으면 누적 점수를 합산하여 연말 평가를 통해 연봉인상에도 반영될 뿐만 아니라, 즉각적인 보상 차원으로 마치 가이드가 팁을 받듯이 회사로부터 15달러를 받는다. 물론 그렇지 못한 사람에게는 '팁'이 차등화되어 1달러만 받는 직원도 있다. 연말

평가도 낮게 나온다.

그렇기 때문에 자신의 주 업무가 아닌 일에도 적극적인 프로 정신을 가지고 마이클잭슨 문워크까지 선보이면서 전문 가이드보다 더 뛰어난 기량을 선보이는 것이다. 직원 스스로 자신의 역량을 끌어낼 수 있도록 노력하니, 업무 품질은 향상될 수밖에.

사실 이 가이드 업무는 직원 개인의 입장에서는 다른 사람, 다른 부서의 일이지만 회사 입장에서는 누가하던 간에 빨리 해내야만 하는 일이다. 사전에 계획했던 업무보다 돌발업무, 긴급업무, 다른 부서를 도와야 하는 업무가 회사 입장에선 오히려 더 잘 해내야만 하는 업무라는 의미이다. 직원들에게 이러한 일을 잘 해낼 수 있도록 현실을 감안한 제도를 마련해 줌으로써 직원들은 자연스럽게 자기 일 이외의 업무에도 적극적으로 임할 수밖에 없는 것이다. 첨단 IT나 스마트시스템과는 전혀 별개의 인사평가제도였다. 스마트워크를 도입한다고 하면, 마치 최첨단 IT기기를 동원해서 직원의 일거수일투족을 '감시'하며 집에서도 일을 하도록 '쥐어짜는 수단'으로 오해를 하기도 하고, 실제로 이렇게 전락할 수도 있다. 아무리 첨단 기술과 제도가 도입된다고 한들, 사람을 배려하고 존중했을 때 성과를 낼 수 있다는 점을 간과해선 안 된다. 구글의 성장은 직원의 입장을 최우선으로 존중하는 경영철학으로 인해 최고의 스마트한 인재가 모여들고, 인간존중의 문화를 바탕으로 융합하였기에 이루어질 수 있었다.

02

스마트워크의 선구자,
강소국 네덜란드

네덜란드는 국토 면적 4만 1천 제곱킬로미터에 인구 1천 600만 명으로, 한국에 비하면 땅덩어리는 30~40퍼센트 정도의 규모지만 비슷한 인구밀도를 가지고 있다.

하지만 경제 선진국이다. 1인당 국내 총생산이 유럽연합 회원국 평균보다 높으며, 교역뿐만 아니라 석유·에너지 회사인 쉘을 비롯하여, 마가린에서 세탁비누에 이르기까지 다양한 제품을 생산하는 유니레버, 전자회사 필립스, 항공기 제작사 아크노 노벨과 세계 굴지의 맥주 제조업체 하이네켄까지 거느리고 있다.

유럽연합 통계기관인 유로스타트는 2009년 네덜란드가 유럽에서 근로시간이 가장 짧은 나라라고 발표했다. 경제적인 면뿐만 아니라, 적은 인구에도 불구하고 동계 올림픽에서는 스케이팅 전 종목에서

메달을 석권하고 월드컵 준우승 3회를 비롯해서 4강 정도는 단골로 입성하는 등 모든 면에서 저력을 발휘하는 작고도 똑똑한 나라이다.

스마트워크 시스템으로 경제적 효과 및 에너지 절약

네덜란드는 국토의 25퍼센트 이상이 해수면보다 낮은 불리한 환경 속에서도 합리적이고 실리적인 정책을 바탕으로 유럽의 강국으로 성장한 역사와 전통을 근간으로 하여, 전 세계를 통틀어 가장 먼저 스마트워크를 정착시켰다. 이미 2000년부터 사회적 운동으로 시작된 업무 방식의 변화는 틀에 갇힌 낡은 업무 방식과 사무 공간에서 벗어나자는 미션을 표방했다. 당시에는 스마트폰이나 스마트워크라는 단어조차 없을 때였기 때문에 스마트워크 대신 "새로운 업무 방식"이라고 표현했다. 창의성을 억압하는 답답하고 관료적인 업무 환경을 벗어던지고 직장 업무 공간의 경계, 시간의 경계를 허무는 것이 핵심이며 일주일에 하루나 이틀 정도만 회사에 출근해 아이디어 회의, 업무 결과 보고 등을 하고 나머지 업무들은 집에서, 야외에서, 심지어는 여행을 하며 각자의 방식으로 진행한다. 틀에 갇힌 낡은 업무 방식과 사무 공간에서 벗어나자는 것이다.

　이러한 선구적인 혁신이 꽃을 피운 것은 2010년부터 인터넷 인프라

43

가 획기적으로 발달함에 따라 그간 준비해왔던 업무 방식의 변화가 네덜란드의 전체 일터로 번지며 거대한 변화를 불러 일으켰고, 이제는 모든 직장에서 당연히 해야 하는 것으로 정착되기에 이르렀다.

모든 기업체의 50퍼센트 이상이 스마트워크센터를 운영하고 있으며, 500명 이상의 대기업은 무려 90퍼센트 이상이 이 스마트워크센터를 운영하고 있다. 모든 국민들이 집으로부터 반경 1킬로미터 내 거리에 있는 스마트워크센터로 출퇴근 가능하도록 하는 것이 궁극적인 목표라고 한다.

반경 1킬로미터라는 기준은 걷거나 자전거를 타고 이동하기 적합한 거리이기 때문이라고 한다. 이미 암스테르담 시내에만 150여 곳의 스마트워크센터가 운영되고 있다. 이로 인한 효과는 차량 운행 감소로 인한 에너지 절약, 환경개선, 도로신축비용 절감 등의 경제적 효과뿐만 아니라 출퇴근 시간 절약, 자기계발이나 가족 간의 시간을 확보하는 등 경제적으로 환산하지 못할 부가가치를 발생시켰다.

창의력 자극하는 공간으로 거듭나는 스마트워크센터

2010년 이후 생겨나는 스마트워크센터는 점점 고급 호텔화가 되어가고 있는 추세이다. 초기의 스마트워크센터가 기능을 중시했다고 한다면, 현재 생기는 스마트워크센터는 화려함과 개인의 창의력을 끌어내는 공간의 미학까지 고려한 질적으로 향상된 일하는 공간으로 발전하고 있다. 초기의 많은 스마트워크센터는 정부와 각 회사의 지원으로 이루어졌지만, 현재는 철저히 개인 투자를 통해 독특한 스마트워크센터의 모습을 갖춘 곳들이 대세를 이룬다. 월 평균 110유로(한화 17만 원) 정도였던 월 사용료도 두 배 이상 상승하고 있는 상황이다. 사용료의 상승에도 불구하고 좋은 시설을 따질 만큼 스마트워크센터가 정착되었다는 것으로 볼 수 있다.

뿐만 아니라 이제는 많은 호텔들이 스마트워크센터를 보유하기 시작했고, 각 지방의 중심 역도 스마트워크센터를 설치하고 있다. 수요가 계속 늘어나고 있기 때문이다. 현재 어려운 유럽 경제로 실업률이 상승함과 동시에 1인 창업이 점점 늘어나고 있는 상황과 맞물려서 사무실을 임대하는 것보다 스마트워크센터에서 업무를 하는 것이 훨씬 경제적으로나 업무 효율적으로 도움이 되기 때문에 네덜란드에서는 스마트워크센터 운영 자체가 짭짤한 성공을 가져오는 비즈니스 모델이 되었을 정도다.

네덜란드에서 스마트워크가 정착하게 된 중요한 이유 중 하나는 기업주들이 우선적으로 변화에 앞장선 것에 있다. 직원들이 즐거워지면 일의 성과는 배로 늘어나며, 그 직원들이 만들어내는 창의적인 업무 성과에 따라 기업은 보다 높은 성공을 만들어 낼 수 있다는 것을 고용주들이 먼저 수긍하고 적극적인 도입에 나섰기 때문이다.

또한 스마트워크를 기업 내에 정착시키기 위해서 팀 단위의 소그룹을 결성해 나가면서 업무 방식의 변화를 실험적으로 발전시켰다. 업무 방식의 변화에서 가장 타격이 큰 그룹은 중간 매니저 그룹인데, 그들이 모든 방식을 제대로 받아들이고 업무에 적응할 수 있는 매니저들을 양성할 수 있도록 네덜란드에서는 스마트워크 교육을 실시하는 전문 교육 기관이 보편화되기에 이르렀다.

그러나 스마트워크를 도입한 지 이미 10여 년이 넘은 노하우를 가진 네덜란드이지만 기업의 스마트워크 실행은 길게는 5년, 짧게는 1년가량의 기간이 필요하다고 보고 있다. 왜냐하면 업무 공간의 변화, 중간 매니저들의 교육, 그리고 기업의 업무 전반을 뒷받침해 줄 인터넷 인프라 활용을 위한 교육 등에 시간이 필요하기 때문이다.

업무 효율을 극대화시키는 동시에 개인의 삶의 질을 혁신적으로 향상시키는 네덜란드의 스마트워크는 전 세계에서 가장 먼저, 그리고 가장 실용적인 접근으로 멋진 성과를 이루었을 뿐만 아니라 스마트워크를 지향하는 다른 많은 나라의 롤모델이 되기에 부족함이 없다.

03

그린 텔레워크로 시작한
스마트워크의 원조, 영국

영국은 정부 정책 상 거시적 차원에서의 문제해결을 위해 스마트워크를 전략적으로 도입했다. 자국의 노동 유연성을 높여서 경제가 활성화될 수 있도록 하고, 출퇴근이나 도심의 혼잡 문제를 해결해 도시 환경 문제를 근본적으로 해결하기 위한 목적으로 2007년 '그린 텔레워크Green Telework' 프로젝트를 시작했다.

2009년 4월부터 법적으로 보장하는 유연근무 신청 권한 자격을 확대했다. 유연근무 신청 가능한 근로자는 16세 이하 자녀를 키우는 부모, 장애아를 양육하는 부모, 부양노인이 있는 근로자로 보았다. 이러한 기준으로 본다면 영국 전체 근로자의 68퍼센트가 법적으로 유연근무제 신청가능한 사람에 해당된다. 만약 이들 근로자가 모두 유연근무제를 사용하는 경우 영국의 도심 교통문제 해결에 투입되는 비용이 기존 3조 원에서 9천억 원으로 대폭 절감될 수 있다고 분석했다.

정부에서 기업으로 확산

영국은 현재 지방정부를 중심으로 스마트워크센터 건립을 확산하고 있으며, 업무 효율성이 재고될 수 있도록 유연근무를 시행하는 스마트오피스에 중점을 두고 있다. 햄프셔 지방정부는 지난 수년간 경제 활성화를 위한 스마트워크센터를 선도적으로 추진하였다. 2006년에는 약 6개월간의 시범사업 수행 후, 지역의 중소기업 지원을 위한 정식 프로그램으로 채택하였다. 햄프셔 주 의회의 투자로 SEEDA(영국 남동지역 개발청)에서 햄프셔 스마트워크센터 사업(MATiSSE: Mobile and Teleworking Initiative for a Smart South East)을 최초로 시작하여 햄프셔 전역에 총 12개의 스마트워크센터가 구축되어 운영 중이다.

　스마트워크센터는 총 150여 개 기업이 정회원으로 등록되어 있으며, 시간·일·월·연·장기 등 다양한 계약형태로 이용 가능하고 기본 이용료는 사무공간 임대(1.5파운드/시간), 사무공간 및 사무기기 임대(2.5파운드/시간)로 구분하고 컨설팅 및 사교행사 참가비로 연간 5천~6천 파운드를 부과하였다. 햄프셔 스마트워크센터 사이트는 센터 위치 및 센터 예약, 회원관리, 최신 뉴스 등 관련 정보를 제공 및 관리하고 있다.

정부뿐만 아니라 영국기업들도 스마트워크 도입에 참여하고 있다. 영국의 대표적 통신사인 BT(British Telecommunication)는 스마트워크를 성공적으로 도입하여 운영하고 있는 세계적인 대표 사례로 손꼽히고 있다. 유럽에서는 영국 BT가 추진하고 있는 방식을 'BT 워크스타일 BT workstyle'이라 부르며, BT 내부에서는 자신들의 업무방식을 '애자일 워크Agile work'라 부르기도 한다.

BT는 1990년대 초 일자리 공유, 재택근무, 부분 재택근무, 탄력근무, 스마트워크 플레이스 등 5개 프로그램을 도입하였으며, 현재까지도 회사에 직접 출근하여 지정 좌석 없이 필요에 따라 좌석을 이동하며 근무하는 스마트오피스, 고객이 원하는 곳에서 고객을 지원하며 근무하는 모바일 오피스, 일주일에 하루 이상을 자택에서 근무하는 홈오피스, 스마트워크센터와 같은 근거리전용공간을 이용하는 스마트워크센터 근무 등의 모든 가능한 형태의 스마트워크 유형을 도입하고 있다.

또한 업무량과 개인의 상황에 따라 시간을 조절하는 '계획근무제', 자녀의 방학 동안에는 자녀와 같이 시간을 보낼 수 있도록 일을 하지 않는 '자녀 학기별 근무제' 등을 통해서 직원의 요구와 상황에 맞추어 다양하게 운영되고 있다.

현재 BT 직원은 전 세계적으로 10만 명에 달하는데, 전체 직원들의 약 88퍼센트가 어느 한 가지 형태의 스마트워크에 참여하고 있다고 한다. 이들 중 재택근무 참여자는 약 10퍼센트 정도이며, 70퍼센트 이상의 직원들은 자택이나 스마트워크센터 혹은 사무실 등을 병행하는 탄력적인 형태로 참여하고 있다.

스마트워크 도입 이후 BT는 매년 평균 7억 5천만 파운드(약 1조 3천억 원) 규모의 비용절감 효과를 거두고 있는 것으로 나타나고 있다. 스마트워크 도입으로 인한 효과는 단순한 비용절감을 넘어서 다음과 같은 효과를 부가적으로 거두고 있어서 대표적인 스마트워크 도입 모범사례로 손꼽힌다.

• 글로벌 가용성 향상 • 현장 방문 중심 경영 • 더 나은 가치 실현	• 연간 7천톤 CO2감소 • 64%의 지역사회 공헌도 증가 • 평등법 제정에 기여
Costomer	**Society**
Business	**Employee**
• 15~31% 생산성 증대 • 20%의 정기결근자 감소 • 5억 파운드의 사무실 임대비용 절감	• 보다 우수한 인재 확보 • 일과 삶의 균형 • 삶의 질 향상 • 업무 만족도 향상

04

스마트워크로의 과감한 승부, 한국 포스코

　포스코의 신입사원 A씨는 글로벌 기업과의 업무협약(MOU)에 대한 임원 보고를 부서 전입 3일 만에 했다. 포스코 포털에 등록된 '최고 업무사례'에서 'MOU'를 검색하니 협약서 작성법, 행사 장소 대여 방법, 의전, 최종 보고 절차, 업무에 조언을 줄 수 있는 추천인까지 찾아줬기 때문이다. A씨는 MOU 내용만 바꿔 넣으면 됐다.

　포스코ICT는 현재 1천억 규모의 베트남 지하철 구축 프로젝트를 진행 중이다. 8개 부서 20여 명의 담당자들이 프로젝트 추진 경과 보고서를 공동으로 작성하고 있다. '카톡' 채팅하듯 댓글을 달며 의견을 모으고 보고서를 만들어 간다. 베트남 현지와도 영상회의를 하면서 문서를 각각 수정하는 것이 가능해져서 출장도 줄고 대면보고도 줄었지만, 임원들은 구체적인 진행상황을 속속들이 파악할 수 있다.

포스코건설 영업담당 임원 비서 B씨는 부서 회의시간을 정하는 일을 단 1분에 끝낸다. 예전엔 부서원에게 일일이 전화를 걸어 비는 시간을 물어본 후 조율해야 했다. 하지만 지금은 스마트워크 시스템에서 참석 대상자를 클릭하면 시스템에서 자동으로 공통으로 비는 시간을 찾아주기 때문에 선택해서 팀 일정에 등록만 하면 끝이다.

직원 개개인에 맞추어진 엔터프라이즈포털(EP) 구축

포스코가 스마트워크를 통해 다시 태어나고 있다. 대표적 굴뚝산업 기업인 포스코는 글로벌 5위의 철강회사 반열에 올라섰지만, 글로벌 경영환경에서 살아남기 위한 돌파구를 남들보다 앞선 스마트워크로 발판 삼아 새로운 도약을 설계하고 있다. 아이디어를 모으는 데만 1년 3개월, 프로그램을 제작하는 데는 7개월, 25개 주요 그룹사에 보급하는데 1년이 걸렸다.

개발을 이끌었던 박현수 팀장은 "SWP, 다시 말해 스마트워크 시스템이란 기능은 포스코 업무용 포탈이지만 형태는 직원 개개인에게 주어진 맞춤형 포털"이라고 자랑한다. 엔터프라이즈포털(EP)을 실행하면 스마트폰처럼 개인별로 다른 초기화면이 PC에 뜬다. 각자가 원하는 기능을 선택해서 개인별 업무에 최적화된 화면으로 스스로 만드는 방식이기 때문이다. 회계부서는 비용 입출금 내역을, 인사부서는 성과평가관리 현황을, 생산부서는 조강생산량 실시간 현황을 화면에 가장 잘 보이는 곳에 배치해서 사용하고 있다. 가족사진을 회사업무 포탈의 배경화면으로 배치해 놓을 수도 있고, 원하는 색상, 배열 등을 자유롭게 구성할 수 있다.

이러한 시도는 시스템 도입 과정에서부터 직원들의 적극적인 참여를 이끌어내고, 권한을 부여하려는 명확한 의도로 마련되었다. 아무리 좋은 취지라도 회사가 일방적으로 권유하고 끌고 나가는 방식이 아니라, 직원 스스로의 의지와 참여로 함께 완성해 나가는 것이 스마트하게 일하는 것이라고 생각했기 때문이다.

모든 직원이 개인 일정표를 공개하며, 이를 이용한 팀 간 실시간 협업은 가장 큰 변화이자 혜택 중 하나이다. 과거에는 일정 등을 조율하기 위해 손으로 표를 만들어 사용하거나 색색의 포스트잇을 사용하곤 했었다. 그러나 이제는 온라인 캘린더를 통해 하루, 한 주, 한 달의 일정을 손쉽게 한 번에 표시하고 각종 일정과 회의를 조율하고 있다. 직원들은 과거 막무가내로 회의 소집을 하는 것에서, 다른 사람의 일정을 확인함으로써 다른 사람의 시간도 귀한 줄 알게 되고 배려하게 되었다는 말로 스마트워크의 의미를 전했다.

외부 인터넷 포털의 검색 방식으로 이루어지는 사내 검색 시스템역시 1천만 건이 넘는 방대한 문서를 검색하여 원하는 정보를 찾아낼 수 있도록 해줌으로써 생산성을 높이는데 기여하고 있다. 뿐만 아니라 단어 하나만 검색해도 관련 문서, 동영상은 물론 4만여 포스코 계열사 직원들 중 관련 전문가를 순위별로 찾아주며 협업을 돕고 있다.

포스코는 오랜 역사와 전통을 가진 대표적인 굴뚝 기업이지만, 비즈니스를 영속하기 위해 경영이나 업무 방식을 끊임없이 진화해 나가야 한다는 것을 절감하고 있다. 포스코는 끊임없이 혁신하여 전 세계의 인프라를 든든하게 떠받치는 주력 제품 생산에 매진하는 것은 물론이거니와 건설, IT, 에너지, 환경 등 다양한 분야에서 글로벌 영역을 확대해 나가기 위한 도구로 스마트워크를 적극 실천 중에 있다.

05

입원에서 퇴원까지 다 바뀐
한림대의료원

한림대학교의료원은 최근 병원이용고객(외래)뿐만 아니라, 입원 환자와 협력병원 의사들이 활용할 수 있는 '한림대학교의료원 고객가이드 앱'을 오픈했다. 이로써 스마트폰을 통해 환자는 진료대기시간과 진료비 조회 등을, 협력병원 의료진은 외래환자의 진료 결과 회신내용 등을 바로 알 수 있게 되었다.

'한림대학교의료원 고객가이드 앱'은 푸시 서버Push Server를 활용한 푸시 메시지 전송기법을 탑재해 외래 및 입원 환자에게 외래·검사예약 정보와 진료 대기시간 안내 등 고객전용 알림 사항을 제공하고 더불어 진료이력, 복약정보, 진료비 내역 등 다양한 콘텐츠를 실시간으로 조회 가능하도록 구성했다.

진료대기시간의 지루함 줄인 '고객가이드 앱'

대학병원을 이용하는 외래 고객들의 가장 큰 불만은 긴 진료대기시간이다. 예약을 했음에도 불구하고 몇 십 분씩 기다리기 일쑤다. 그렇지만 진료 순서를 놓칠까봐 진료실 앞을 떠나지도 못한다.

한림대의료원은 앞으로 이런 불편을 겪지 않아도 된다고 강조했다. '한림대의료원 고객가이드 앱'을 설치하면 'MY 한림(메시지함)' 메뉴에서 진료대기 순서를 알려주어, 진료까지 대기 시간이 얼마나 남아있는지 알 수 있기 때문에 하염없이 기다릴 필요가 없으며, 개인적인 용무를 볼 수도 있다는 것이다.('MY 한림'에는 진료대기 순서 안내 메시지 외에도 외래 진료예약 안내, 검사예약 안내 메시지를 쉽게 조회할 수 있다.)

이외에도 진료이력, 진료비 조회, 복약정보가 있다. 진료이력에서는 언제 무슨 과에서 진료를 받았는지 알 수 있다. 진료비 조회에서는 외래·입원 진료이력이 표시돼 원하는 날짜를 터치하면 상세 진료비 내역을 볼 수 있다. 복약정보 조회에서는 조회를 원하는 진료 일자 버튼을 누르면 해당 약품에 대한 성분, 효능, 용법, 용량 등 자세한 정보를 손쉽게 확인 할 수 있다.

병실에 누워 중간 예상 진료비부터 회진정보까지 확인

입원환자들은 담당 의사가 언제 회진을 오는지, 오늘까지 병원비는 얼마나 나왔는지 궁금할 때가 많다. 그럴 때마다 일일이 병동 간호사에게 물어야 했다.

개발된 앱은 의사 회진정보, 식이정보, 복약정보, 중간 예상 진료비, 입원생활안내, 진료이력, 퇴원 후 진료안내 정보를 침대에 누워서 확인이 가능하게 했다.

식이정보에서는 입원 기간 중 날짜별 식이정보, 복약정보에서는 입원 기간 중 날짜별 약 처방 내역 및 약품(복약) 상세 정보를 제공한다. 앱을 통해서 입원일부터 조회일 전날까지 발생 예상되는 입원진료비부터 입원 시 필요한 입원생활 안내문도 확인할 수 있다. 뿐만 아니라 병원별 외래·입원내역과 퇴원 처방내역 및 퇴원 후 외래예약 정보도 볼 수 있어 편리해졌다.

모바일 전용 '앱'을 통한 고객과의 소통 확대

또한 '고객가이드 앱'은 병원을 이용하는 외래 및 입원 환자뿐만 아니라 협력병원 의사를 위한 기능도 포함됐다. 앱을 설치한 협력병원 의

사는 의뢰환자의 진료 결과 회신내용을 실시간으로 확인할 수 있다.

앱 하단에는 한림대의료원 모바일 홈페이지와 연동이 되는 '홈페이지' 메뉴를 배치했다. 홈페이지 회원이면 자동 로그인되어 진료예약과 수정, 취소, 건강검진예약을 할 수 있다. 프로필과 전문분야 등 교수에 대한 정보 확인과 진료시간표와 의료진 소개, 찾아오는 길, 전화번호 안내, 원내 배치도 등도 확인할 수 있다.

더불어 내부 직원들 간의 원활한 정보소통을 위하여 컨설트 회신현황, 중증환자 발생 알림, 각종 위원회 회의 안내 등 다양한 콘텐츠를 푸시 메시지로 제공하여 업무의 효율성을 높이고 비용절감 효과를 거두었다.

06

출산율을 높이는 스마트워크,
유한킴벌리

유한킴벌리는 2011년 9월 1일 사내 스마트워크를 출범하고 현재까지 지속적으로 운영하고 있다. 유한킴벌리 스마트워크의 콘셉트는 '스마트한 기업문화'로 단순히 사내 운영제도의 개편을 넘어 회사의 전체적인 문화까지도 변화시키고자 하는 목적을 가지고 있다. 이와 같은 혁신적 움직임은 변화에 대해 발 빠르고 효과적으로 대응하기 위해서다. 최근 세계경제가 위기를 겪으며 불확실성이 확산되는 가운데 어느 기업도 10년 뒤를 장담할 수 없는 상황이다. 이러한 환경에서도 지속적으로 성장하기 위해서는 기존의 좋은 기업문화에 '창조적'이고 '혁신적'인 기업문화를 접목하여 새로운 기업문화로 정착시킬 필요성이 커지는데, 유한킴벌리는 이러한 목적을 스마트워크라는 추진 동력을 통해 달성하고 있다.

스마트워크를 추진하기 전 유한킴벌리의 본사 사무실은 대부분의 회사들처럼 개인별로 자리가 정해진 일반적인 형태의 좌석제를 유지하고 있었다. 하지만 출장이나 휴가 또는 장시간회의 등의 이유로 고정좌석의 상당수는 비어진 상태로 활용되지 못했다. 실제로 사내 자체적으로 2011년 7월 '본사 사원들의 고정좌석 활용 시간 조사'를 시행한 결과 50퍼센트 미만의 고정좌석들만 근무 중에 활용되는 것으로 나타났다. 이를 공간자원의 심각한 낭비라고 판단한 유한킴벌리는 이 조사결과를 바탕으로 본사 직원수의 80퍼센트 정도만 업무용 좌석으로 구성하고 나머지는 직원들을 위한 공간으로 '용도변경'했다. 토론공간, 회의공간, 휴게공간 등을 더 마련해서 직원들이 더 많이 소통할 수 있고 자유롭게 느낄 수 있도록 한 것이다. 업무를 위한 좌석도 고정좌석제에서 누구나 가장 필요하고 편리한 곳에 앉을 수 있는 '자율 좌석제'를 시행하고 있다. 결과적으로 개인적인 고정업무공간은 절반으로 축소되고 공용공간과 휴게공간은 두 배로 늘어났다.

이러한 공간의 용도변경은 직원들에게만 해당되는 것이 아니다. 사실 여느 회사의 임원실은 그 무게감으로 인해 일반 직원들은 접근하기 쉽지 않은 공간이다. 하지만 유한킴벌리의 임원실은 임원이 부재일 경우 누구나 회의실 공간으로 이용할 수 있도록 제도화하고, 공간의 구조를 변경해 활용성을 높였다. 이러한 변화는 직원과 임원 간의 물리적 거리 뿐 아니라 심리적 거리도 좁혀 상하 소통과 팀 간 협력을 활성화하는데 도움이 되었다.

이러한 변화는 공간의 비효율성을 줄이고, 효율성을 크게 높여 결과적으로는 사람들로 하여금 역동적인 시너지를 창출해 내는 데 도움을 주고 있다.

수직적 관계를 수평적 관계로 바꾸는 스마트워크의 힘

사장님, 부장님, 과장님…… 회사에서 흔히 사용되는 직급에 따른 호칭이다. 수직적 조직문화가 강한 우리나라 문화에서는 이 호칭에서부터 상하 간의 위계가 느껴지고 높은 직급의 호칭에는 무게감마저 느껴진다. 유한킴벌리에서는 경영진과 직원들의 수평적 관계구조가 스마트 워크 시행에 중요하다고 판단하고 자유로운 소통과 팀 간 협력강화를 위해 사장부터 전 사원이 서로 호칭을 '님'으로 통일해서 부르게 하고 있다.

뿐만 아니다. 어두운 정장일색인 무거운 드레스코드를 벗어 던지고 일주일 내내 복장 전면 자율화를 시행해 좀 더 자유롭고 편안한 분위기를 조성한다. 점심시간이라고 그대로 둔 것이 아니다. 점식시간 탄력시간제를 적용해서 직원들이 점심시간을 충분히 활용할 수 있도록 유도했다.

스마트워크를 지원하는 스마트한 시스템

IT 기술이 발전하면서 오프라인에서의 소통만큼 온라인에서의 소통도 활성화되었다. 아니 어느 순간부터는 온라인에서의 소통이 훨씬 더 활발한 듯하다. 업무도 마찬가지다. 서류를 들고 이리 뛰고 저리 뛰던 시절은 PC가 도입되면서 구식업무 방식이 되어 버렸고, 지금은 네트워크를 통해 업무하는 것이 당연한 세상이 되었다. 이러한 변화는 종착역이 없다. 유한킴벌리는 스마트워크를 운영하면서 시스템으로도 업무를 원활하게 수행할 수 있고, 종이 없는 사무실을 구현하기 위한 ICT(Information and Communications Technology) 인프라를 구축하였다. 이를 통해 직원들은 이동 중에도 장소에 구애받지 않고 편리하고 빠르게 업무를 처리할 수 있게 되었다.

유한킴벌리의 정보화에 대한 투자는 오래전부터 이어져오던 일이다. 직원들이 새로운 정보를 신속히 획득하고, 효율적으로 일할 수 있도록 꾸준히 투자를 해 왔었다. 1999년부터 업무용 이외에 개인적으로 활용할 수 있는 개인용 컴퓨터를 지원했으며, 이후 거의 매년 직원들이 노트북이나 스마트기기 등을 구입할 수 있도록 정보화 지원금을 제공해 오고 있다.

사무실의 ICT 환경을 모바일 기반으로 구축해 자율 좌석제로 하여 직원들이 이동해서 근무해도 불편하지 않도록 했다. 회사의 책상 위에서 빠질 수 없었던 한 가지, 유선전화는 '프리존Free zone 전화 서비스'를 도입하여, 모바일 폰으로 유선전화의 기능을 대체하도록 하였다. 또한 이동 중에도 중요한 업무를 수행할 수 있도록 모바일 업무 시스템 및 전자결재시스템도 구축하여 장소나 지역이 업무에 방해가 되는 일이 없도록 했다. 또한 직원들이 네트워크 상에서 소통할 수 있도록 사내 업무 인트라넷과 연계된 SNS인 사내 트위터(Yammer) 등을 활용하고 있다.

유한킴벌리는 본사 외에 죽전과 군포에 별도의 스마트오피스센터를 신설하여 운영하고 있다. 이는 직원들이 집에서 가까운 곳이나 업무상 필요한 곳에 출근하도록 장려하는 것으로 유한킴벌리가 지원하는 가족친화경영 또는 현재 시행하고 있는 여러 형태의 자율근무제도의 확산 정책이다. 이러한 자율적인 근무를 위해서는 회사와 사원 간의 신뢰는 물론, 창의적 생각과 주도적인 도전의식이 필수적인데 유한킴벌리는 그 동안 사원들과의 지속적인 신뢰구축을 통해 협력과 협업의 기반을 구축해 왔다. 이는 본격적인 스마트워크의 시작으로, 부문과 팀 간 협력을 강화함으로써 더욱 높은 창조적 시너지가 창출되고 있다.

지구와 환경, 가족을 생각하는 것은 선택이 아닌 필수

유한킴벌리가 가장 중요하게 고려하는 것 중의 또 다른 가치는 지구와 환경, 가족이다. 지구환경이 훼손된다면 우리가 살아갈 수 없고, 행복한 가정이 유지되지 않고서 행복한 직장생활이 불가능하다는 것은 단순한 이치이지만 이를 진심으로 강조하는 기업은 그리 많지 않은 것이 사실이다.

유한킴벌리는 스마트워크뿐만 아니라, 회사제도 곳곳에 이러한 가치를 최대한 반영하였다. 우선 지구환경을 위해 그린오피스를 실천하고 있다. 그린오피스는 회사에서 사용하는 에너지를 줄여 환경에 도움을 주자는 취지로 운영되고 있다.

이를 위해 첫째, 사내 건물 공간의 공기 흐름을 고려한 설계를 하였다. 이러한 설계로 실내 냉난방 효율과 공기의 질이 향상되었다. 같은 에너지를 사용하고도 여름철 평균 실내 온도가 1~1.5도 감축되는 효과를 거두었다.

둘째, 불필요한 야근을 없애고 7시 30분 이후에는 사무실 부분 소등을 하여 조명 에너지를 절감했다. 부득이하게 야근이 필요한 경우에는 필요한 공간에만 조명을 사용한다. 이를 통해 회사 전기료의 30퍼센트가 절감되었다.

셋째, 사무실에서 종이를 쓰지 않도록 한다. 각 팀마다 보유하던 팩

스나 복사기는 통합하여 활용하고, 전 사원에게 갤럭시탭을 지급하여 전자결재 시스템을 확대해 사무용지의 사용을 50퍼센트 가까이 절감했다. 넷째, 출퇴근 혼잡을 피할 수 있도록 출근시간을 선택하고 (유연근무제), 스마트워크센터를 운영해 근거리 출근을 지원한다.

가족친화적 제도 또한 유한킴벌리의 가치를 반영한 정책이다. 1970~1990년대까지는 임직원들의 자녀학자금 지원을 실시했으며, 1991년~2000년까지는 유연한 근무제를 추가로 실시하여 직원들의 만족도를 높여갔다. 이후 2000년대 들어서서 본격적으로 가족친화적 제도를 도입하기에 이르렀다. 2002년 전문가 상담프로그램(EAP, Employee assistance program)을 통해 사원과 그 가족들이 직면하고 있는 다양한 삶의 문제들을 해결하는 데 앞장섰으며, 저출산 고령화 등 사회문제를 여러 가족친화적 제도를 통해 해결하고자 노력했다.

가족친화적 문화는 직원들이 일에 좀 더 몰입할 수 있게 만들었으며, 낮은 이직률과 높은 생산성을 달성하게 했다. 2010년 유한킴벌리의 자체 조사에 따르면, 회사가 일과 삶의 조화를 추구하도록 지원하느냐에 대한 응답에 91.1퍼센트의 직원들이 '그렇다'라고 응답했으며, 산업재해율은 국내 제조업 평균인 1.07퍼센트보다 매우 낮은 수치인 0.18퍼센트를 나타냈다. 또한 유아용품 생산성은 1998년 대비 109퍼센트 성장했음을 알 수 있다.

위와 같은 제도의 운영은 결과적으로 직원들의 출산율을 높이는데 기여하게 되었다. 2005년 대한민국 평균보다 낮던 유한킴벌리의 출산율(평균 1.00명)은 2010년 기준으로 OECD평균 출산율을 상회하는 수준(평균 1.84명)으로 높아졌다.

☑ 유한킴벌리 합계 출산률

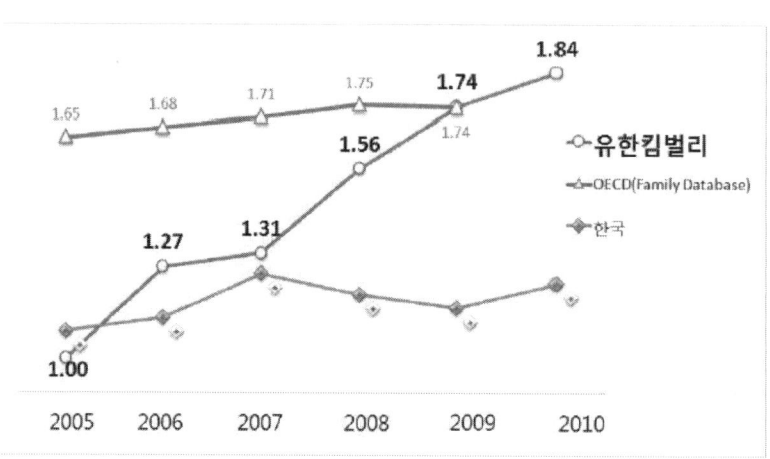

출처: 유한킴벌리 내부자료, 2011

성과를 명확히 관리할수록 스마트워크의 성공 가능성은 높다

스마트워크는 단순한 차원에서의 기업 복지 개념이 아니다. 스마트워크가 아무리 좋아 보여도 기업에 이익을 가져오지 못한다면 결국 자리를 잡지 못할 것이다.

66

스마트 워크가 생산성 향상, 직원만족도 증가, 창의력 증진의 성과로 이어지기 위해서는 단순한 사무실 공간의 재배치와 자율 근무제 시행으로는 불충분하며, 이러한 제도를 구성원들이 자유롭게 이용할 수 있도록 기업문화 및 근로환경을 조성하는 것이 무엇보다 중요하다. 유한킴벌리 특유의 스마트워크 시스템은 기업의 핵심역량인 교대조, 학습조직화, 가족친화정책을 기반으로 하고 있어 공간활용과 정보기술만 강조하는 다른 일반 스마트워크 시스템과 차이가 있다.

스마트워크가 제대로 정착하기 위해서는 성과를 관리할 수 있는 명확한 업무관리와 연계되어야 한다. 유한킴벌리에서는 업무 추진 프로세스를 표준화하여 업무의 진행이 선명하고 투명하게 보이도록 했다. 또한 객관적인 업무평가가 이루어질 수 있도록 성과측정 제도를 정비하였다. 이는 결과적으로 상하 간의 신뢰를 이끌어냈고 스마트워크가 정착할 수 있는 기반이 되었다. 스마트워크를 통한 비전 달성과 결과는 유한킴벌리의 지속적인 변화와 혁신의 노력을 성공적인 사례로 보여주고 있다.

07

왜 스마트워크를 해야만 하는가?

한국 포스코 – 공간 재설계, 종이문서 감소, 설비점검시간 단축

포스코는 2009년부터 스마트오피스를 도입하였으며 2012년부터 '스마트워크 플레이스'라는 이름의 새로운 스마트워크 플랫폼을 자체 개발하여 전 계열사에 확대했다. 부서 내 파티션을 제거하고, 커뮤니케이션 스페이스Communication Space에서 부서 간 만남을 유도하여 소통의 장벽을 낮췄으며, 사무실 한 층을 전면 개조하여 직원들의 휴식과 창의활동을 지원하는 공간을 제공했다. 뿐만 아니라 다양한 규모와 용도에 맞춘 회의실을 제공하여 협업을 향상시켰다.

또한 모바일 오피스 환경 구축과 활성화 기반 활동을 통해 직원의 80퍼센트 이상이 매일 1회 이상 스마트폰을 활용하여 이메일, 업무결

재, 일정관리 등 업무를 수행하고 있고, 문서중앙화와 'U-Paperless'
시스템 구축을 통해 프린터기를 93퍼센트 절감했고 개인별 문서 인
쇄를 연간 192장에서 44장으로, 무려 77퍼센트나 감소시켰다.

포스코의 스마트워크는 사무직원뿐만 아니라 제철소 현장 근무자
들의 효율적이고 창의적인 작업공간을 제공하고 있다. 과거 설비 점
검을 위해서는 작업자가 종이 체크 시트에 점검 후 사무실에서 전산
으로 입력해야만 했고, 점검시간은 두 시간 30분 이상 소요되었다. 더
욱 큰 문제는 작업자의 점검방식에 따라 결과도 조금씩 달랐다는 것
이다. 그렇지만 2010년부터 스마트폰과 RFID를 활용한 설비점검을
도입한 결과 점검부터 결과입력, 비상조치까지 끝낼 수 있는 현장 완
결형 업무스타일로 변모했다. 소요시간도 한 시간 40분 이내로 30퍼
센트 이상 단축하면서 정확도는 더욱 향상되었다.

스마트폰 앱을 통해 안전사항 점검 결과를 스마트폰을 통해 등록할
수 있도록 하여 현장의 위험요소를 사전에 파악하고 직원들에게 상
세한 안전정보를 적기에 제공한다. 또한 자재에 부착된 태그와 스마
트폰을 연동하여 검수·입고, 사용·불출, 재고관리까지 효율적으로 관
리하며 고객사로 실시간 제품정보를 제공하고 재고관리를 신속하고
정확하게 파악한다. GPS와 스마트폰을 이용한 실시간 운송차량관제
를 통해 차량 현 위치, 조업상황을 고려한 배치 스케줄링으로 공차空
車를 축소하는 등 물류효율성도 획기적으로 향상시켰다.

미국 베스트바이 - 업무완수 시 근무시간 자율성 부여

미국의 전자 제품 유통업체인 베스트바이는 2003년부터 로우(ROWE, Result Only Work Environment)라는 제도를 도입했다. 관리자들이 실제 업무성과보다는 얼마나 오랜 시간 일을 했는지, 그리고 얼마나 자리를 잘 지키고 있었는지를 기준으로 평가하고 있던 기존의 문제점을 해결하기 위해서였다. 업무가 완수된다는 전제조건하에서는 모든 직원이 각자 원하는 것을 원하는 시간에 자유로이 수행하며 일하는 것을 허용했다. 한 달짜리 프로젝트를 2주 만에 끝내고 2주를 개인여행을 다녀와도 되고, 개인적인 일을 처리하기 위해 오후에 출근하거나 두 시간 동안 점심을 먹기도 한다.

하지만 로우 제도는 업무가 제대로 완수되어야 한다는 전제 하에 허용된다. 따라서 업무 성과가 나타나지 않는다면 허용되지 않는다. 회사에서는 직원들이 이를 제대로 이해하고 체득할 수 있도록 시간 관리 원칙, 회의문화, 동료관계 등 구체적인 13개의 행동지침을 제시하였다. 예를 들어 '모든 회의는 선택일 뿐 의무가 아니다' '각자 시간을 어떻게 활용하든지 간에 누구도 부정적으로 보지 않는다' 등이다.

베스트바이는 로우 제도 도입을 통해 직원 만족도 상승뿐만 아니라, 기업의 생산성 향상에도 놀랄만한 성과를 얻었다. 도입 초기에는 300여 명에게만 시범적으로 실시했는데 3개월 후 이직률이 14퍼센트에서 0퍼센트로 감소했고, 직원 만족도는 10퍼센트나 상승했다. 1년 후인 2004년부터는 전 사업장으로 확대되었는데 그 후 3년간 로우를 적용한 팀의 생산성은 타 부서에 비해 41퍼센트나 높았고, 이직률은 9분의 1로 급감했다.

일본 NTT도코모 – 재택근무로 직원 라이프스타일 개선

일본의 NTT도코모는 2008년부터 재택근무를 실시하여 연간 6.75톤의 이산화탄소 저감 효과와 업무 창조성 향상(71퍼센트), 통근 부담 완화(97퍼센트), 가족과의 원활한 의사소통 향상(72퍼센트) 업무 생산성뿐만 아니라, 개인의 라이프스타일에 있어서도 긍정적인 효과를 얻었다.

이제 스마트워크는 기업의 지속 가능 경영여부를 결정할 중요한 생존전략의 하나로 인식해야만 한다. 지금껏 기업들이 전통적으로 중요하게 여겼던 매출과 이익 등 재무적인 성과뿐만 아니라 윤리, 환경, 사회문제 등 비재무 성과에 대해서도 사회적 책무를 다해야만 하고, 직원들의 삶의 질 향상은 물론 감성적인 면을 충족시켜줘야만 지식근로자의 역량을 제대로 활용할 수 있기 때문이다.

스마트워크는 개인의 강점을 가지는 일에 몰입하게 해줌으로써 즐겁게 일할 수 있고 직장과 일에 대한 의미를 스스로 부여하도록 유도 한다. 자신의 생존을 위해서만이 아니라, 회사에 대한 고마움과 충성심을 이끌어냄으로써 얻는 최대의 수혜자는 바로 기업이며 사회와 국가도 가장 효율적이고 적은 비용으로 혜택을 얻을 수 있다.

어설픈 스마트워크가
사람 잡는다

01

스마트워크의
4가지 유형과 사례

스마트워크의 정의는 시대에 따라, 상황에 따라 달라질 것이다. 행정
안전부 스마트워크센터에서는 스마트워크의 개념을 시간과 장소에
얽매이지 않고 언제 어디서나 일할 수 있는 체제'라고 정의하고 있다.
이러한 스마트워크는 여러 가지 유형으로 나뉘는데, 크게 모바일 오피
스, 스마트워크센터, 홈오피스, 스마트오피스 등 4가지로 구분된다.

① 모바일 오피스

A사의 마케팅 1팀은 최근 새로운 프로젝트 때문에 5명의 팀원이 각
각 일인 다역을 하느라 정신이 없다. 보통 2~3명은 업체나 고객 방문

으로 자리를 비워 얼굴을 볼 수 없고, 5명이 한꺼번에 얼굴을 맞대고 회의를 한 것이 언제인지 모른다. 그리고 업무를 진행함에 있어 급하게 결재를 올리고 처리해야 하는 상황도 수시로 발생한다.

하지만 마케팅 1팀은 팀원들이 각자 다른 장소에 있어도 업무를 처리하는데 큰 어려움을 느끼지 못한다. 바로 모바일 오피스 때문이다. 고객사의 요청 때문에 최 대리는 급하게 팀장에게 결재건을 올린다. 그 순간 중국 출장을 나가 있는 오 팀장의 스마트폰에 결재 알림 메시지가 뜬다. 진행상황에 대해 미리 알고 있던 건이라 오 팀장은 그 자리에서 결재를 하고, 사무실에서 내용을 확인한 최 대리는 고객사의 요청을 신속하게 처리하게 되었다.

오후에는 오 팀장이 모바일 회의실에서 정기회의 알림을 공지한다. 회의 시간 정각이 되면, 해외 출장 중인 오 팀장과 외근 중인 팀원, 사무실에 근무 중인 팀원이 스마트 폰에서 만난다. 5명이서 음성 채팅을 통해 주요 사안에 대해서 회의를 마치고, 세부 안건을 그 자리에서 정리해 팀의 모바일 회의록에 등록한다.

이처럼 스마트기기만 있으면 어디서든 자유롭게 일할 수 있다는 것이 모바일 오피스의 기본적인 개념이다. 다시 말해서 사무실이나 회의실 등 특정한 고정 근무공간을 떠나서도 스마트기기를 활용해서 각종 업무를 처리할 수 있는 업무 환경을 의미한다. 모바일 오피스를 운영하면 장소에 대한 제약이 없어지게 되므로 기존의 사무실 중심의 업무 방식에 비해 활동에 대한 폭이 상당히 넓어지게 된다.

아울러 시간을 효율적으로 활용할 수 있다. 언제든 업무를 처리할 수 있기 때문에 업무 처리하는 데 고려해야 하는 시간 자원을 효과적으로 운용할 수 있다. 이는 결과적으로 업무의 생산성을 향상시키고 고객의 만족을 불러온다. 부가적으로 종이자원 등 사무비용까지 절감하는 효과도 있어 국내에서는 대기업을 중심으로 스마트 기기를 지원하여 전사적으로 추진하는 사례가 늘고 있으며, 행정안전부와 기상청 등 공공 부문에서의 도입 사례도 꾸준히 늘고 있다.

② 스마트워크센터

첨단 IT 기업인 B사는 최근 큰 고민 하나를 덜었다. 바로 회사의 사무실 공간 확대인데, 스마트워크센터 개설을 통해 이를 해결한 것이다. 최근 B사의 사업 규모가 확대됨에 따라 인력을 대거 채용해야 했는데, 서울에서도 가장 복잡한 지역에 위치한 본사 빌딩은 확대하기에 비용도 너무 많이 들고, 더욱이 비용을 넘어 현재 임대 중인 빌딩에는 더 이상의 공간이 없기 때문이다.

그런 상황에서 마침 CEO는 직원들의 제안으로 스마트워크센터라는 개념을 알게 되었고, 좋은 아이디어라 생각하고 바로 적용했다. 기존의 본사 사무실과는 별도로 서울 외곽지역 3군데를 선정하여 스마트워크센터를 개설했다. 개설된 스마트워크센터는 B사가 스마트워크센터 운영업체로부터 필요한 만큼만 사용료를 내고 임대한 것이다.

스마트워크센터에는 직원들이 출근해서 일할 수 있는 사무공간이 마련되어 있고, 본사와 협업할 수 있는 영상회의 시스템 등이 갖추어져 있다. 물론 보안시스템도 마련되어 있기 때문에 본사와 기능적으로 차이는 없다. 서울 도심의 복잡한 지역이 아니어서 직원들의 접근성도 상당히 용이한 편이며, 출퇴근 시간이 현저하게 줄어들게 된 직원들에게는 호응도가 대단히 높다.

IT 개발 업무는 협업으로 진행할 때도 있지만 개인적으로 개발을 하는 시간도 분명히 필요하기 때문에 이런 경우는 스마트워크센터를 적극적으로 활용한다. B사는 직원들이 스마트워크센터로 출근하더라고 주 1회는 본사로 출근하여 협업할 수 있도록 제도를 마련함으로써, 소통의 부재로 인한 문제의 발생을 미연에 방지하며, 업무의 효율성은 극대화할 수 있도록 했다.

B사의 CEO는 현재의 스마트워크센터의 운영을 지속적으로 확대할 계획을 세우고 있으며, 차후에는 서울 본사의 기능은 핵심기능만 남기고 축소하고, 스마트워크센터 위주로 기업의 기능이 운영될 수 있도록 구상하고 있다. 아울러 스마트워크센터를 다른 기업과 공유·임대할 수 있는 제도를 마련해서, 사업화 할 계획도 함께 세우

고 있다.

이처럼 스마트워크센터는 기존의 빌딩과 사무실의 개념과는 달리 사무공간을 특정 기업이나 기관에서 소유하거나 확보하여 근무하는 것이 아니라, 필요할 때 필요한 시간만큼 이용료를 지불하고 사무공간으로 활용하는 방법을 취한다. 스마트워크센터를 활용하면 기업 입장에서는 고정된 사무실이 아닌 스마트워크센터에서의 근무는 출퇴근을 위한 이동시간을 절약할 수 있고, 사회적으로 교통난 해소와 자체적으로는 건물 임대비와 주차비 등의 경비가 절감되는 직접적인 효과를 거둘 수 있다. 이러한 이점 때문에 기업과 공공기간에서 전략적으로 스마트워크센터 도입을 추진하는 사례가 늘고 있다.

③ 홈오피스

C사의 홍보기획 팀 직원인 김 대리는 3개월 전 아이를 낳고 출산휴가를 종료한 후 육아휴직을 신청하지 않고, 바로 근무에 복귀했다. 다른 회사를 다니는 주변의 친구들은 보통 출산 후 육아휴직을 쓰거나 퇴직을 하는 경우가 많다. 친구들은 김 대리에게 출산하고 바로 근무 복귀하면 너무 힘들지 않느냐고 묻는다. 더구나 친정이 가깝지도 않아

어머니가 육아를 전담해주지도 못하는 상황이라 아마 그런 생각이 더욱 들었을 것이다. 물론 아기를 돌보면서 일을 하는 것이 힘들기는 하다. 하지만 김 대리가 근무복귀를 할 수 있었던 것은 홈오피스 덕분이었다.

김 대리가 하루에 근무해야 하는 시간은 4시간이다. 사무실에 출근해서 근무할 때는 제품의 해외영업 기획에 대한 업무를 수행했는데, 홈오피스 근무 시에는 해외 시장 분석 및 자료수집의 업무를 수행한다. 기존 수행하던 업무와 연결이 되고 직무 내용에 대해서 충분한 사전 지식이 있어 김 대리가 홈오피스로 수행하는 업무 결과물은 언제나 사무실에서 일하는 다른 직원들을 만족시킨다.

이런 결과는 김 대리의 탁월한 업무 실력에도 있지만, 직원들이 홈오피스를 원활하게 수행할 수 있도록 지원하는 제도와 업무에 불편함이 없도록 구성된 시스템 덕분이기도 하다. C사는 제조 현장이나, 품질관리 등 현장에 직접 있어야 되는 업무를 제외하고 기타 스텝 부서의 업무에 대해서는 홈오피스가 가능하도록 직무를 분석해서 설계를 해놓았다. 뿐만 아니라, 스마트기기를 통해서 팀의 수행 목표와 주요 사안 및 지표를 관리하기 때문에 정보 공유 차원에서는 사무실과 집이 큰 차이가 없다.

또한 개인적인 사안이나 인적 소통이 필요한 경우에는 직원 간 채팅창을 통해서 언제든 소통이 가능하다. 회사에서 이런 홈오피스 제도를 마련해 놓지 않았다면, 김 대리는 육아로 인해 자신이 좋아하는 일을 결국 포기했을지도 모른다. 이렇게 잃게 되는 여성인력은 개인으로서나 회사로서나 국가로서나 크나큰 손실이다.

홈오피스는 예전부터 존재해오던 근무방식인 재택근무를 의미한다. 하지만 집에서 근무한다는 단순한 개념의 재택근무를 넘어 정보기술을 이용하여 사무실과 동일한 업무환경을 구축하고 자택을 업무장소로 하여 근무하는 형태인, 좀 더 적극적인 의미의 근무개념으로 발전하였다. 이러한 홈오피스는 특정 사무공간이라는 제약이 없고, 시간자원을 효율적으로 활용할 수 있으며, 가정에 더 충실할 수 있다는 장점이 있다.

하지만 홈오피스는 그에 따른 단점도 존재하는데, 가정에서 다양한 업무를 처리하는데 필요한 환경을 모두 갖추기 어렵다는 것이다. 또한 가장 자유롭고 유연한 스마트워크 형태이기는 하지만, 근태관리가 용이하지 않으며 업무보안에 가장 취약하다는 것도 문제점으로 지적된다.

그러나 사회적으로 여성, 장애인, 고령인구 등 사회 소외계층에 노동의 기회를 부여하여 감소 추세에 있는 경제활동 인구의 확보가 가능하며 환경오염이나 에너지 절감 등과 같은 효과를 거둘 수 있으며, 기업 측면에서는 시간과 공간의 제약 없이 업무성격에 따라 근로자를 배치함으로써 업무의 유연성과 효율성을 확보할 수 있다는 강점

은 큰 매력으로 작용한다. 특히 여성의 경력단절 문제를 해결할 수 있
는 좋은 방안 중 하나가 될 수 있다.

④ 스마트오피스

마치 군대식 상명하달을 연상시키는 조직문화가 강한 국내 굴지의
대기업 D사는 최근 사내에 스마트오피스를 적극적으로 도입했다. 도
입 후 처음 어색했던 적응의 시간이 지나고, 이제는 업무 효율성의 상
승을 넘어 조직문화까지도 변화하게 되었다. 소극적이던 직원들은
적극적으로 변하게 되었고, 전문성은 더 높아졌으며, 자기 직무에 대
한 만족도도 이전보다 훨씬 높아지게 되었다.

아침 7시, 홍 과장은 남들보다 일찍 회사에 출근한다. 인근 대학교
에서 야간 석사과정을 수강하고 있어 학교를 가기 위해 탄력 근무제
를 신청했기 때문이다. 7시에 출근했기 때문에 8시간 근무하고 4시에
퇴근하면 된다. 5시에 시작하는 대학원 수업을 듣는데 전혀 문제가 없
다. 오히려 미국 LA지사에 있는 직원들과 협업하기에는 이 시간에 출
근하는 것이 더 편하기도 하다.

7시에 출근한 홍 과장은 사무실의 빈 좌석 아무 곳에나 앉는다. 회
사는 지정석이 아니기 때문에 출근한 순서대로 편한 자리에 앉으면

되기 때문이다. 그리고 스마트패드를 통해 LA지사와 실시간으로 공유되는 업무 사항을 체크한다. 내용 중 협의가 필요한 사항이 있어 영상회의 시스템을 활용하여 미국 직원과 실시간으로 회의를 한다. 회의 중 전문가의 의견이 필요한 내용이 발생되어 사내 전문가 추천 시스템을 활용하여 ○○부서의 전 차장을 추천받는다. 즉시 전 차장의 스케줄 시스템으로 접속하여 오늘 전 차장이 업무 협조를 해줄 수 있는 시간에 예약을 한다. 예약한 즉시 전 차장의 스마트폰으로 연락이 가고, 출근한 전 차장으로부터 확인 메지시를 받는다.

"홍 과장님! 제품개발에 관한 건 때문에 협업을 신청해 주셨네요. 제가 그때 시간이 괜찮으니 스케줄 신청해주신 대로 1303미팅룸에서 뵙겠습니다!"

약속을 확인한 홍 과장은 잠시 머리를 식히러 2층 유레카 플레이스로 간다. 유레카 플레이스는 직원들이 업무에서 벗어나 잠시 쉴 수 있고, 다양한 아이디어를 구상할 수 있도록 각종 편의시설을 설치해 놓은 장소이다. 유레카 플레이스에서 잠시 휴식을 하다가 문득 새로운 아이디어가 떠올라 회사 아이디어 거래소에 등록을 한다. 퇴근할 때쯤 되자 홍 대리가 올린 아이디어가 상한가를 기록해 상금으로 10만 원이 입금되었다. 홍 대리의 아이디어는 구체화되어 실제로 프로젝트화 될 것이다.

홍 대리는 요즘 회사에서 일하는 것이 즐겁다. 누군가 자신을 전문가로 초대할 때면 자신의 전문지식을 활용하게 되어 기쁘고, 다른 전문가를 모실 때는 무언가 배우는 기분이 들어 좋다. 과거와 같이 시키는 대로 일하는 회사가 아니라, 내가 주도해 나가는 회사란 느낌이 많이 든다. 지금은 무엇이든 더 해보고 싶고, 실제 성과로도 이어진다. 그렇다 하더라도 야근은 없다. 정해진 근무시간에 그 일들을 효율적으로 다 처리할 수 있기 때문이다. 일찍 집에 들어가니 가족과의 시간도 많아져 집에서도 늘 싱글벙글이다.

이처럼 스마트오피스는 앞서 기술한 모바일 오피스, 스마트워크센터, 홈오피스와는 다른 개념의 근무방식으로 기존의 방식대로 직장 사무실에서 근무하되, 보다 업무 방식에서 효율성을 극대화할 수 있도록 고안된 새로운 근무 형태이다.

스마트오피스는 정해진 양식이 있는 것은 아니며, 업종과 업무성격에 따라서 다양한 형태로 존재할 수 있다. 대표적인 형태는 원격화상회의를 통한 장거리 회의, UI(unified communication) 기반의 사내 메시지, 화상통화, 그룹웨어 통합, FMC(fixed mobile convergence)를 통한 유무선 통합 사내 이동통신망, 출퇴근 시간을 자유롭게 하는 유연근무제와 시차근무제, 사무실의 지정좌석을 폐지한 자리예약제 등이 있다.

영국의 BT(british telecommunication)의 경우 전 직원의 88퍼센트에 이르는 스마트워크 참여자 중 상당수의 직원들이 성공법칙과 같은 탄력적인 근무방식을 택하고 있는 것으로 나타났다. BT의 경우 스마트워크를 시작한 1993년 190만 제곱미터였던 오피스 면적이 10년 후에는 74.3만 제곱미터 감소하여, 60퍼센트의 사무 공간 절감 효과를 거두었다. 좁은 국토에 대도시와 수도권 중심으로 인구가 분포되어 있는 우리나라의 경우 이와 같은 성공법칙은 훌륭한 대안이 될 수 있을 것으로 예상된다.

02

직원들의 소박한 꿈,
상식적인 삶이란?

"제 꿈은 소박합니다. 그저 상식적인 삶이면 족합니다. 하지만 '저녁이 있는 삶' 이 언제였는지 기억도 안 납니다. 주말마저도 저를 위한 시간이 아니네요. 주말 에 약속을 잡는 것도 눈치를 봐야 하니까요. 네, 저는 미혼입니다. 제 시선으로 윗분들을 보면 참 신기합니다. 주말마다 사무실에 나와 회사를 위해 일을 하십 니다. 전 그들에게 이렇게 묻곤 합니다. '평일에도 늦게 들어가시는데 주말에도 사무실에 나오시고……. 가족들과 함께 안 하세요?' 그분들의 삶이 곧 얼마 후 제 모습이라면……. 저는 더 늦기 전에 포기하고 싶습니다."

치열한 경쟁률을 뚫고 대기업에 입사했던 신입사원이 1년 만에 회 사를 그만두면서 사내 게시판에 올린 글이다. 아직 회사 생활에 적응 을 하지 못한 철부지 사원의 넋두리라고 생각해야 할까?

OECD 국가 중 가장 오래 일하는 우리나라 근로자들

최근 잡코리아 '좋은일연구소'가 직장인 1천 984명을 대상으로 실시한 '야근 실태조사'에 따르면 직장인의 86.5퍼센트가 야근을 하는 것으로 조사됐다. 주3회 이상 야근이 53.3퍼센트, 주1~2회가 33.2퍼센트, 주말에도 출근해 업무를 해야 하는 경우가 14.7퍼센트로 나타났다. 이 중 남성의 59.8퍼센트, 여성의 47.0퍼센트가 주 3회 이상 야근을 하는 것으로 조사됐다. 연령대별로 조사한 결과로는 20대 직장인들은 주 2회 정도 야근을 한다는 응답자가 22.9퍼센트로 가장 많았고, 30대(19.3퍼센트)와 40대(23.4퍼센트) 직장인들은 각각 주 3회 정도 야근한다는 의견이 가장 높았다. 즉, 근무 연차가 많아질수록 야근하는 날도 많아진다는 얘기다.

야근을 하는 이유로는 과다한 업무가 42.2퍼센트로 가장 높은 수치를 보였다. 하지만 여기서 주목할 점은 뒤를 이은 '야근 사유'였다. 바로 암묵적인 조직의 권유가 22.2퍼센트, 상사의 눈치가 15.9퍼센트, 회사의 관행이 13.3퍼센트, '보여주기(평판이나 인간관계를 망치고 싶지 않아서)' 식이 3퍼센트를 차지해 비효율적으로 야근을 하는 직장인의 수가 절반을 넘었다.

우리나라 근로자의 연평균 근로시간은 2천 193시간으로 OECD 국가 중 최하위 수준이며 OECD 평균 1천 749시간보다 440시간 이상 더 많이 일하고 있다. 무려 25퍼센트 이상 더 일한 수치다. 박근혜 정부는 장시간 노동체제를 근로자의 삶의 질을 저하시키고, 새로운 일자리 창출의 장애가 되는 주된 요인으로 지적했다. 이에 따라 선거공약을 통해 근로시간 단축을 위해 근로기준법상의 초과근로시간 한도 지키기, 휴일 근로를 초과근로시간에 산입, 근로시간 특례업종 축소 등을 추진하여 2020년까지 연평균 근로시간을 OECD 평균수준으로 단축하여 일자리를 창출하고 근로자의 삶의 질을 개선하겠다는 일자리 정책을 약속한 바 있다.

그렇지만 이 같은 정부의 정책만으로 야근 문화 개선을 기대하긴 어렵다. 기업과 근로자가 비효율적인 야근 문화를 개선하려는 노력을 하지 않으면 회사와 개인의 발전에 큰 장애가 된다는 사실을 자각하고 개선을 위해 앞장서야 한다.

야근이 전혀 회사에 도움이 되지 않는 이유는 잡코리아 '좋은일연구소'의 설문결과에 고스란히 반영되어 나타난다. '야근이 회사 경영에 얼마나 도움이 될까?'라는 질문에 야근을 하는 직장인의 82.8퍼센트가 '도움이 되지 않는다'고 답한 것이다. 응답자의 38.4퍼센트가 '오히려 업무 속도가 저하되고 생산성이 낮아진다'는 이유를 밝혔으며, '일을 위한 일거리가 계속 늘어난다'(18퍼센트), '수동적인 업무가 관행으로 굳어진다'(15.5퍼센트), '자기계발의 기회를 박탈당한다'(12.8퍼센트), '회사에 대한 충성도가 낮아진다'(9.4퍼센트), '조직과 상사에 대한 실망감이 커진다'(5.1퍼센트) 등이 뒤를 이었다.

야근의 이유는 다양하면서도 한편으론 단순하다. 일단 퇴근시간 이후에 퇴근을 해야 눈 밖에 나지 않는 것이고, 상사나 팀원들과 저녁식사 자리에 빠지지 않아야 왕따가 되지 않는다. 어찌되었든 간에, 죽이 되든 밥이 되든 책상에 앉아 오랜 시간 고민하는 모습을 전제로 깔고 들어가는 것이 업무 결과에도 영향을 끼친다는 것이다.

최악의 상사는 '식구들을 외국으로 유학 보낸 기러기 아빠'라는 의견도 적지 않았다. 어차피 퇴근 후 저녁시간을 함께 보내줄 사람이 없으니, 회사 비용으로 저녁도 해결하고 늦게까지 사무실에서 웹서핑이나, 다운받은 영화를 본다는 것이다. 물론 이런 상사도 사실 놀기만 하는 것이 아니라 일을 한다. 하지만 이런 관리자가 있는 부서는 야근이 상시화된 시스템으로 구조화되기 마련이고, 다른 부서에도 파급효과를 미친다. 같은 사업부 내의 어떤 부서는 팀원이 모두 밤늦도록 일을 하는 반면, 옆 부서는 일찍 퇴근하는 모습을 담당 임원이 알기라도 할까 두려워 경쟁적으로 일거리를 만들어 낼 수밖에 없는 것이 대기업 조직의 생리이다.

상습적 야근, 회사와 직원 모두에게 피해를 입힌다

이런 방식으로 상시화된 야근은 사실, 개인뿐만 아니라 회사 또한 대가를 치르게 만든다. 첫째는 품질의 저하다. 과도한 업무와 누적된 피로로 인하여 지식근로자의 신체적, 정신적 회복능력이 서서히 퇴화되기 시작한다. 이는 정형화된 보고서나 업무 패턴으로는 쉽게 드러나지 않지만 무기력하게 버텨내는 수준으로 스티브 잡스나 주커버그 같은 창의력을 기대하는 건 우물에서 숭늉을 찾는 격이다. '졸음운전'으로 대형 사고를 일으킨 뉴스의 이면에는 운전자의 개인적 문제뿐만이 아니라, 운전자를 만성피로로 방치한 회사의 구조적인 문제가 더 근본적인 원인일 수 있기 때문이다.

둘째, 일하는 방식의 후진성을 초래한다. 아무리 효율적인 최첨단 경영기법을 도입했어도, 직원들의 표정은 어둡고 여전히 수동적인 경우를 많이 봐왔다. 야근이 상시화되면 직원들은 정상 근무시간 중에 일을 깔끔히 끝내더라도 어차피 일찍 퇴근할 수 없다는 걸 알기 때문에 야근을 감안해서 작업 계획을 수립하기 시작한다. '어차피 야근할 거 저녁에 한적한 시간에 하자'라는 생각으로 정상 근무시간을 효율적으로 사용하지 않는다. 뿐만 아니라 제대로 보상도 받지 못하는 야근수당에 대한 보상심리로 도덕적인 해이에도 관대해진다. 야근으로 인해 개인적인 시간이 없다는 핑계로 병원에 다녀오거나 외출을 하거나 지인을 회사 근처로 찾아오게 해서 만나는 등 정상 근무시간에 개인적인 볼일을 당당히 보기도 한다.

셋째로는 직원들의 탈진과 이직을 부른다. 4년차 경력사원임에도 신입사원으로 지원해서는 "전 직장에 비해 연봉이 1천만 원 이상 적은 것도 이미 알고 왔고, 감수하겠다. 그저 사람답게 살고 싶다."고 했던 직원도 있었다. 경쟁사 제품을 따라잡으라고 연구원들을 한 달에 한 번만 집에 보내고 단체 합숙을 시키는 것에 더 이상 버틸 수 없었다고 했다. 그 직원이 경쟁사에 입사하는 순간, 이전 회사 입장에서는 크나큰 손실을 입는 것이다.

아무리 앞서가는 기업이라도 구성원 개개인이 기업문화와 일하는 방식에 대해 주인의식과 진정한 자부심이 있어야만 장기적인 발전과 미래가 있다. 국제원조를 받던 최빈국에서 반세기만에 세계 최고의 제품으로 시장을 선도하는 기업을 만들어낸 기적의 한국이지만, 민주주의와 시장경제에서 선진국을 거의 다 따라잡았다고 하면서도 마지막에 벽에 부딪히는 것은 이런 내면적인 의식 차이에서 비롯된다. 야근 시간을 줄이는 효과는 개인의 자아실현은 물론 가정교육을 올바로 세워 국제 경쟁력을 갖춘 국가와 기업의 위상에 걸맞은 건강하고 조화로운 삶을 이끌 것이다.

이토록 절실한 일하는 시간을 줄이면서도 생산성을 높이는 모두의 바람은 스마트워크를 통한 혁신 외에는 없다. 독일은 OECD 평균인 1

천 749시간보다 훨씬 더 적은 1천 353시간 일하고서도 총 생산기준으로 세계 4위, 수출입 규모로는 세계 2위의 경제 대국이다. 반면 한국은 평균보다 30퍼센트 더 일한 2천 261시간 일한다. 미국이 우리보다 3분의 1을 덜 일하고서도 소득은 몇 배가 더 되는 것이다. 근본적인 발상의 전환이 아니고서는 경쟁에 나설 자격도 안 되는 수준이라고 봐야 한다. 적게 일하고도 몇 배 많은 수익을 올리는 방법을 연구하지 않으면 안 되는 시점에 와 있다.

03

부장님 세대 입사스펙 1순위는?
개근상

미래학자 엘빈 토플러는 그의 저서 『제3의 물결』에서 인류의 문명을 크게 바꾼 변혁의 시대를 3단계로 나눴다. 기원전 8천 년경부터 서기 1천 700년경까지의 농경문명(제1의 물결), 18세기 산업혁명으로부터 현대에 이르는 산업사회 문명(제2의 물결), 그리고 1970년대(한국은 1990년대)부터 시작된 미래의 문명(제3의 물결)로 구분했다.

농경문명에서는 가내수공업을 통해 '스스로 생산한 것을 소비'하는 방식이었고, 농사일이 바쁠 때는 학교도 문을 닫았다. 모든 계층에게 교육의 기회가 주어지는 것도 아니었다. 산업사회가 되면서 '교환을 위한 생산'에 기초를 둔 대량생산 시스템이 필요해졌다. 노동의 장소가 농토나 가정에서 벗어나 공장으로 옮겨감에 따라 공장노동에 적합한 교육이 필요해졌다. 산업화를 가장 먼저 이룬 영국의 앤드루 우어는 1835년 당시 이렇게 말했다. "일단 사춘기를 지낸 사람들은 농업에서 전업한 경우든 수공업에서 전업한 경우든 간에, 공장에 적합한 유능한 일꾼이 되는 것은 불가능하다."

그렇게 탄생한 것이 대중 교육, 즉 오늘날의 학교교육제도이다. 초보적인 읽기와 쓰기, 산수를 기본으로 하고 역사나 기타 과목도 가르쳤다. 하지만 이것은 표면적인 교육 계획이었다. 산업사회에 필요한 아래와 같은 근본적인 덕목을 교육하는 것이 목적이었다.

첫째가 시간 엄수, 둘째는 복종, 셋째가 기계적인 반복 작업의 습관화였다. 공장 노동자에게 가장 요구되는 것은 정해진 시간에 출근하는 것이다. 특히 조립 라인의 근무자인 경우가 그러했다. 그리고 작업 지시자의 명령에 절대 복종하는 노동자가 필요했다. 남자든 여자든 공장이나 사무실에서 단순한 반복 작업에 싫증 내지 않고 꾸준히 일하는 인내력과 성실성의 양성이 필요했던 것이다. 정시에 출근해서 다 같이 일하고, 다 같이 휴식시간을 갖는 방식은 학교나 공장이나 모두 동일한 운영시스템이자 필수 덕목이었다.

지구상 그 어디에서도 찾기 힘든 야근 문화

이러한 표준화는 산업사회의 대표적인 경영철학이었다. 양질의 규격

품을 생산하는 시스템의 중요성은 노동의 표준화뿐만 아니라 인사관리까지도 표준화를 지향했다. 임금의 기준이 정해지고 고용절차, 휴가, 복리후생 등에도 표준화된 기준에 맞춰 사람을 선발하고 관리했다. 교육시스템도 마찬가지로 입학시험, 어학자격, 졸업자격에 관한 규정도 일정한 틀을 만들어내기에 이르렀다. OX식 시험, 객관식 출제도 완전히 일반화되었다.

이러한 방식은 여전히 존재하고 있다. 불과 10여 년 전만 해도 대졸신입사원에게 가장 중요한 스펙 중 하나는 '개근상'이었다. 초, 중, 고 12년간 개근을 했다는 것을 자랑스레 이야기했다. 정근상이라도 받았다고 이력서에 적는 건 매우 당연했고, 그만큼 중요했다. 1970~1980년대 산업화 시대를 거친 상사들이 부하 직원이 지각을 하거나 자리를 비우는 것에 몹시 못마땅해 하는 것도 이런 이유에서다.

그러나 근무시간을 엄수하는 만큼 퇴근 시간을 엄수하는 회사는 별로 없다. "신입사원 시절 사업부장님과의 대화시간에 궁금한 것이 있으면 물어보라고 하시기에, '출근시간은 알겠는데 퇴근시간은 도대체 몇 시인가요'라고 물었다가 직장생활 내내 그 얘기가 따라다녔다."라는 말씀을 정년퇴직 자리에서 하시며 쓴 웃음을 짓던 부장님도 있었다.

야근은 그야말로 한국만의 고유한 문화다. 내가 외국에서 경험한 바로는 미국 실리콘밸리, 뉴욕, 유럽의 여러 국가들뿐만 아니라, 말레

이시아, 대만, 중국, 인도네시아 등 아시아권 국가들조차 상사의 퇴근을 기다리는 야근이란 개념은 찾아보기 힘들었다. 어느 정도였냐면, "상사가 퇴근할 때를 눈치 보며 기다리는 일은 없는가?"라는 질문 자체를 이해하지 못하는 모습이었다. 물론 처리할 업무가 많으면 늦게까지 사무실에서 일을 하지만, 아래 사람이 예의상 남아 있으면서 혹시나 상사가 부를 일이 있을까 하고 기다리는 일은 개념 자체가 없다.

팀원 중 A는 8시에 오는데 B는 8시 30분이나 돼야 출근한다는 이유로 불성실하거나 열의가 적은 사람으로 평가하지 않는다. 아랫사람이 상사보다 먼저 출근하고 늦게 퇴근하는 것에 대해 죄의식을 갖거나 양해를 구해야 하는 관례는 한국만의 구태다.

혹자는 이런 모습이 한국경제를 부흥시킨 팀워크이고 인간적인 것이라고 말할 것이다. 하지만 이제 더 이상은 아니라고 많은 국내외 전문가들이 지적한다. 이렇게 일하는 방식으로 인해 많은 사람들이 회사를 떠나거나 스트레스를 받고 있고 오히려 이것이 한국의 경제적, 사회적 아킬레스건이라는 것이다. 스마트제도의 일환으로 개인별 여건에 따라 출퇴근 시간을 1~2시간 조정하는 유연근무제를 도입했지만, 얼마 가지 않아서 사용실적이 부진한 탓에 용두사미로 끝나는 가장 큰 요인은 필요성을 못 느껴서가 아니라 산업사회의 습성을 버릴 수 없는 관리자들과 직원과의 갭 때문이다.

세상은 변화하고 있다. 그것도 속도를 감지하지 못할 만큼 빠르게 달라지고 있다. 이제 회사에 들어오는 직원들은 초등학교 때부터 수업 대신 부모와 여행을 하는 것을 대체 수업으로 인정받으며 개근상에 대해 그리 큰 의미를 두지 않고 교육받았다는 것을 인식해야 한다. 회사 업무를 위한 인프라보다 개인의 IT 장비나 수준이 더 높은 경우가 점점 더 많아지는 것을 감안해야 한다. 강의실이나 도서관 대신 카페에서 무선인터넷을 통해 과제를 수행했던 이들이 회사에 들어와서는 두 번 놀란다. 하나는 사용능력에 관계없이 모든 직원에게 수준급 IT 인프라 환경을 제공하고 있다는 것과 이런 인프라에도 불구하고 얼굴을 맞대고 일해야만, 일한 것으로 간주하는 틀에 갇혀 활용을 거의 못하고 있는 모습에 놀라는 것이다.

이렇듯 스마트워크의 핵심은 일하는 방식을 바꾸는 변화와 혁신이 관건이고, 이러한 삶의 변화를 이끌기 위해서는 IT 인프라적인 접근에 앞서 오랫동안 이어져온 한국적인 관습과 노사문화, 여가문화 등 인문학적인 성찰이 이루어져야만 한다. 기업이나 정부 또한 스마트워크 도입을 통해 단순히 비용절감과 생산성 향상을 이루는 것으로만 접근해서는 안 된다.

04

군사부君師父 스마트폰 일체

신뢰는 상호 교환이 이루어질 때만 얻을 수 있다. 신뢰를 얻기는 어렵지만, 잃는 것은 한순간이다. 스마트폰을 쓰는 시대에는 더욱 그렇다. 하지만 정부, 공공기관, 기업, 뉴스 미디어, 대학의 리더들은 고객과 국민들의 신뢰를 얻는 방식을 깊은 고민없이 예전과 같은 방식으로 답습하다가 낭패를 보고 있다.

인터넷 시대 이전에도 지도자들은 사람들이 그들을 신뢰할 때 자신과 그들이 속한 기관 역시 신뢰를 얻을 수 있다고 생각했고, 이를 위해 많은 고민과 노력을 기울였다. 그 중 하나는 '통제'였다. 일반 대중들이 읽을 수 있도록 쉽게 성경을 번역해서 사제를 거치지 않고 신과 직접 대화하는 것을 허락해달라는 것이 종교 개혁의 시발점이었다. 지도자들은 거부했지만 대중의 주장은 꺾이지 않았고 결국 변혁은 이루어졌다. 인류역사의 발전은 이러한 패턴을 가지는지도 모른다.

스마트한 세상으로의 변화는 대세다

자유로운 정보 습득과 소통의 차단은 과거의 구태만은 아니다. 오늘날 아직도 많은 나라의 정부나 기업들이 정보를 속속들이 공개하는 것은 기득권을 포기하는 일처럼 여기고, 하물며 나쁜 일이 일어난 경우에는 쉬쉬하며 정보를 통제하는 것을 철칙으로 삼는다. 모든 기업이 윤리경영을 내세우며 CEO가 주체하는 선포식을 통해 직원들에게 서약서도 받았지만, 비리 문제가 터지면 내부 징계를 통해 조용히 사태를 마무리한다. 직원들에게 시시콜콜 비리 내용을 알리면 외부로 소문날 것이고, 학습효과가 있을 수도 있으니 통제를 하는 것이 낫다고 믿는다.

뿐만 아니라 새로운 정보원으로서 SNS, 위키피디아, 온라인 토론모임 등의 가치를 인정하지 않고 지나치게 평가절하하기도 한다. 특히 일부 언론사들은 그들의 사운을 걸고 소셜 웹에 대해 부정적으로 폄하한다. 그러나 사람들이 그보다 몇 배는 더 기존의 전통적인 언론사를 믿지 않는다는 사실을 이제 부정할 수 없다. 종이신문 구독자 수를 떠올려 보면 될 것이다. 언제부턴가 신문에 관한 정확한 구독자 수에 대한 통계조차 알 수 없어져버렸고, 반면 네이버는 KBS 공영방송보다도 광고료 수익이 많아졌음에도 불구하고 여전히 초기 인터넷 시절에 일어났던 사례를 들며 부정한다.

　이러한 불신과 그로 인한 갈등은 이제 사람들이 종교나 국가보다 내 손 안의 컴퓨터를 더 신뢰하는 것에서 시작한 것임을 인식해야 한다. 중세 시대 절대적 가치였던 종교나, 세계 대전과 아시아 국가들의 식민지 독립전쟁, 그 후로도 계속된 냉전 시대를 거치는 동안 투철하게 성장해온 국가관은 이제 더 이상 절대적인 가치로 존속하지 않는다. 시위 현장에 모인 군중들의 규모를 경찰이 5천 명이라고 하는 발표를 예전 같으면 의심할 여지가 없었지만, 이제는 현장에서 시시각각 보내지는 SNS를 통해 독자들 스스로 파악하고 있는 시대가 되었다. 수천 년 전부터 있어왔던 세대 간 갈등이 아니라, 정보화 시대에 태어나고 자랐거나 잘 적응한 계층과 아직 산업화 시대가 더 익숙하고 신뢰하는 세대 간의 갈등, 즉 문명 간의 충돌로 이해해야 한다.

　회사에서도 원격근무나 변동시간 근무제도가 쉽게 정착하지 못하는 것은 신뢰의 문제와 가치관의 차이가 걸려 있다. 변동시간 근무 제도를 통해 일찍 출근하고 일찍 퇴근하는 제도도 도입해 보았지만, 시행 초기에만 몇몇이 사용하다가 유명무실해지고 만다. 조기 출퇴근 제도를 신청한다는 자체가 야근은 고사하고 6시 칼퇴근 보다도 더 일찍 퇴근하려는 의도로 눈치가 보이기 때문이다.

신세대들은 스마트워크센터가 구축되었다면 집에서 가까운 사무실에서 일할 수도 있고, 재택근무도 얼마든지 가능하다고 여기지만, 관리자들은 눈앞에 보이지 않으면 아무래도 회사에서 보이는 곳에서 일하는 것보다는 성과가 덜할 것 같고 직원들이 노는 것 같다는 불편한 마음이 든다. 이는 농업사회, 산업사회 문화와 가치관으로 성장해 왔던 사고에서 벗어나지 못했기 때문이다.

스마트워크를 도입한다는 것을 단순히 스마트 환경의 새로운 시스템 도입으로 쉽게 봐서는 안 된다. 조직과 구성원이 서로 신뢰해야 한다는 외침 역시 기업이 있어온 이래 늘 외쳤던 구호지만, 스마트워크를 제대로 이루려면 21세기 정보화 물결의 시대적, 문화적 상황을 이해해야만 한다. 역사적 인식과 시대적 흐름에 뒤떨어진 경영철학과 시스템으로는 결코 성공할 수 없다. IT 기술의 발달은 이제 업무를 지원하는 보조적인 역할에 그치지 않고, 기업과 개인의 업무 프로세스와 삶의 방식을 이끄는 지경에 이르렀다. 스마트워크의 도입은 새로운 패러다임으로 신뢰와 소통의 노사 문화를 구축할 절호의 기회이자 의무다.

05

어설픈 완료보다
당당한 미완성이 낫다

구글 코리아의 모 이사는 사원 시절 큰 실수를 했던 기억을 잊을 수 없다. 의욕이 남달랐던 애송이 사원 시절, 그는 전 세계에 적용되던 구글의 정책과는 달리 한국에서만큼은 예외적으로 고객 콜센터가 반드시 필요하다고 확신했다. 경영층을 설득하여 전 세계를 통틀어 최초로 콜센터를 개설하는 일을 관철시키고야 말았다. 그러나 불과 일주일 만에 콜센터의 필요성에 대한 의문이 들기 시작했고 불안해졌다.

'그동안 구글이 왜 콜센터를 전 세계를 통틀어 단 한 곳도 두지 않았던 건지 어렴풋이 이해가 간다.'

결국 그는 매니저에게 이실직고를 했고, 어렵게 문 열었던 콜센터는 2주 만에 문을 닫고 말았다. 그는 해당 분기의 평가에서 낙제점을 받을 것이라 예상했고, 당연하다고도 생각했다. 그도 그럴 것이 회사에 손실을 끼쳤으니 해고를 당하지 않으면 다행인 상황이었다.

그런데 막상 평가 결과를 보고 화들짝 놀라지 않을 수 없었다. 최고 등급인 'S등급'을 받은 것이다! 매니저의 설명은 이러했다.

"일이 더 커지기 전에 솔직하게 모든 걸 리포트 해주었기 때문에 손실을 최소화했다. 덕분에 그동안 콜센터를 두지 않았던 회사 정책에 대한 타당성도 검증이 된 셈이다. 잃은 것보다 얻은 게 훨씬 더 많다."

10년이 넘은 일이었지만, 그때를 생각하면 일개 사원의 의견을 반영해서 콜센터를 개설해준 것도 놀랍고, 그런 실수에도 불구하고 변함없는 신뢰와 기회를 준 것으로 인해 회사에 대한 깊은 감사와 충성심이 우러나올 수밖에 없었다고 회고한다. 개인은 물론 회사 입장에서도 실수를 오히려 기회로 만든 것이다.

미완성을 견디고 즐길 줄 알아야 한다

사람들은 잘못을 저지르는 것을 부끄러워한다. 급여를 받고 일을 하다가 잘못을 저지르는 것에 대해서는 두려워하는 것도 당연하다. 따라서 잘못을 저지르면 본능적으로 누가 알까 노심초사하며 드러나지 않도록 하려 든다. 아예 잘못을 범할 기회를 없애고자 하는 것이 더 심각한 문제다. 사운을 좌우할 중차대한 결정사안에 대해 판단하는 것이나 담당자 선에서 충분히 결정해도 될 사안이건 간에 일단 상사 보고가 걸려 있으면 같은 수준으로 전개된다. 보고하면서 행여 작은 핀잔이라도 들을까 전전긍긍하며 며칠 밤을 새다시피 해 문구를 고치고 또 고치는 것으로 많은 직원들의 의욕을 꺾다 못해, 회사에서 등 떠밀기를 하고 있는 셈이다.

한국적인 조직문화이고 관습이라고 포기하기엔 세상이 너무 앞서가고 있다는 것을 깨달아야 한다. 구글이 선보이는 거의 모든 서비스는 미완성의 베타 서비스다. 출시는 했지만 계속 기능이 추가되거나 삭제되는 상태로 판매를 하고 있는 것이다. 구글 뉴스는 미완성 상태에서 3년이 넘게 베타 버전으로 고객들에게 테스트를 받았다. 구글 메일 환경설정에 들어가 보면 '새롭게 개발 중인 기능을 선보입니다. 실험실 기능은 언제든지 변경 또는 다운되거나 개발 중단될 수 있습니다'라는 메시지 아래 다양한 기능을 소개하고 있다.

'베타'는 결코 죄송하다는 말을 할 필요가 없게 만드는 구글 방식이다. 소비자들은 마치 구글의 개발자라도 된 양 이리저리 사용해보며 문제점이 발견되거나 더 좋은 아이디어가 떠오르면 제보한다.

대부분의 기업은 미완성 제품을 출시하는 것은 감히 상상하지도 못했다. 완벽하지 않은 제품을 생산할 수도 없고, 미처 파악하지 못하고 출시한 경우 회사 이미지 손상을 넘어 회사의 존폐가 걸린 위기를 맞기도 한다. 하지만 구글의 부사장 메이어는 "혁신은 즉시 완벽해지는 완벽함이 아니다. 중요한 것은 업그레이드다. 어떤 제품이나 서비스를 출시할 때 자신이 범한 잘못에 대해 충분히 학습할 수 있는가, 그리고 제품 사용자들로부터 충분히 배우고 반영해서 결과적으로 정말 신속하게 업그레이드할 수 있는 역량이 필요하다." 라고 말했다.

한국 기업이 얼마나 경직되어 있는지는 메일 발송 취소기능을 통해서도 여실히 드러난다. 거의 모든 한국 기업의 사내 메일 시스템에는 대부분 발송취소 기능이 있다. 모 기업에서 스마트워크시스템이 도입되면서 발송취소 메일이 더 이상 제공되지 않는다는 것이 알려지자 직원들이 매우 불안해했다. 어떻게 발송취소 기능을 뺄 생각을 했냐고 강력히 항의하는 관리자도 여럿 있었다.

나는 이들에게 청문회를 당하듯 설명을 해야만 했다. 이들이 발송 취소기능을 사용해야 하는 경우는 크게 2가지였다. 첨부 문서를 누락하고 보내서 한 번 더 보낼 때나, 이미 보낸 메일의 문구가 맘에 안 들거나 틀린 것이 있어서 다시 보낼 때 그 실수한 이력을 없애고 싶다는 것이다. 하지만 이런 식으로 메일을 보내고 취소하는 것이 일상화됨으로 인해 오히려 메일을 보내기 전 다시 한 번 읽어보지도 않고 보내는 습관이 베었다. 특히 일정에 대한 메일을 발송 취소를 하게 되면, 이미 읽어보고 그 일정에 따라 움직인 사람과 읽지 않은 사람들 간의 혼란이 발생할 수밖에 없다.

첨부 파일이 빠졌으면 '죄송합니다, 누락되어 다시 보냅니다'라고 다시 보내면 되고, 문구가 조금 잘못된들 큰 영향이 없다고 판단하면 업무 진행에 문제가 없다. 영향이 크다면 다시 보내야 한다. 회사 업무의 진행 사항은 빠짐없이 근거로 남는 것이 합리적이다. 또한 최고 경영층에 대한 변화관리 교육을 통해 이러한 내용을 강조해서, 앞으로는 직원들이 행여 맞춤법을 실수하거나 문구가 조금 맘에 들지 않는다고 해도 전체 내용에 큰 영향이 없으면 너그러이 이해를 해달라고 양해를 구했다는 이야기를 전하자, 그제야 직원들이 안심을 하기 시작했다.

이젠 경영층에서도 직원들을 평가하는 방식이 바뀌어야 한다. 실수를 안 하는 직원을 좋게 평가하는 것이 아니라, 실수를 빨리 인지하고 현명하고 신속하게 후속조치를 잘하는 직원이 일을 잘하는 것이고 열정적인 직원이다. 직원들의 실수를 용납하지 않는 권위적인 상사 밑의 직원들은 실수를 범하지 않기 위해 일하는 척하는 것에만 점점 더 익숙해진다.

구글 메이어 부사장은 이렇게 말했다.

"우리는 매번, 매일 잘못을 한다. 그러나 어떤 것을 선보인 다음이라도 재빨리 문제점을 수정해서 내놓는다면 사람들은 지난 잘못을 잊어버리고, 제품의 성능을 얼마나 빨리 개선하고 향상시켰는지 인정하며 당신을 더 많이 존경하게 된다."

스마트워크는 모든 일에 대해 예외 없는 성공을 구하는 것이 아니라, 실패하거나 실수하는 경우에도 최소한의 손실로 그치고 오히려 더 가치 있는 교훈으로 승화시키는 일하는 방식을 뜻한다.

06

주인의식은 각오가 아닌
시스템의 문제

직원들에게 주인의식을 가지라고 아무리 잔소리와 협박을 한들 하루아침에 주인의식이 생겨날 리 만무하다. 하지만 스마트하게 일하는 회사라면 직원들은 주인의식이 투철할 수밖에 없다. 스마트워크란 직원들을 신뢰한다는 것이고 이를 토대로 많은 권한이 위임되어 있기 때문이다. 주인대접을 받는 직원의 마음에 주인의식이 생겨나는 건 지극히 당연한 이치다.

한국기업에서는 해외 출장을 가는 경우 대부분의 총무팀 등 담당부서에서 회사와 제휴를 맺은 여행사를 통해 비행기 표를 예약하고, 숙박비와 식비는 출장 가는 사람의 직위별, 지역별로 상한선을 정해놓고 그 범위 내에서 호텔을 정하도록 출장규정이 마련되어 있다. 물론 환율이 수시로 달라지고 물가가 오르는 것에 맞춰 출장규정이 신속하게 바뀌는 것을 기대하기 힘들다. 뿐만 아니라 저가 항공사를 통해 보다 비용절감을 할 수도 있겠지만, 내 돈으로 여행을 가는 것도 아니고 어차피 회사에서 지정한 여행사가 있으니 조금 비싼들 양심의 가책을 크게 느끼지도 않고, 회사 규정에도 전혀 문제가 되지 않는다.

그렇지만 같은 지역이라도 본인의 비용으로 여행을 간다면 어떨까? 두말할 나위 없이 여기저기 인터넷을 검색하고 수소문해서 저렴하고도 검증된 최선의 시기와 방법을 찾아 예약할 것이다. 이것이 바로 주인의식이 있고 없고의 차이일 것이다. 그렇다고 회사 출장을 개인 여행처럼 주인의식을 발휘해서 비용을 절감하라고 강요할 방법도 명분도 없다.

직원을 배려함으로써 주인의식을 이끌어내다

글로벌 기업에선 출장업무를 어떻게 스마트하게 변모시켰는지 실제 사례를 소개하면 이렇다.

일단 출장에 관한 항공티켓과 숙소 예약은 당사자가 알아서 한다. 본인의 단골 여행사에서 하든 인터넷 검색으로 찾아서 하든, 상관없다. 출장비용은 따로 고정화된 규정이 있는 것이 아니라 그간의 출장 이력이 반영되어 지역과 기간에 따라 평균비용과 최저비용, 최고비용이 예약시스템을 통해 나타난다. 그 안내를 참조하여 각자가 선호하는 대로 선택하면 된다.

항공사는 기왕이면 본인이 마일리지를 쌓을 수 있는 항공사로 정해도 되고, 숙박도 거의 잠만 잘 터이니 규정보다 훨씬 저렴한 모텔에서 자도 되고, 동행하는 고객사와 같은 수준으로 비싼 호텔에서 묵는 것도 본인이 정해서 전자 결재로 승인을 받으면 된다. 승인하는 상사는 평균비용보다 금액이 높은 것을 한눈에 알 수 있으므로, 크게 문제가 된다면 커뮤니케이션을 해서 성수기로 인해 본의 아니게 평균보다 비용이 높아지는 건지 파악하고 판단을 하면 된다.

비용을 줄이기 위해서만 이런 시스템을 도입한 것은 결코 아니다. 평균보다 비용을 절감하는 부분에 대해선 직원들에게 보상을 한다. 아끼는 금액만큼의 마일리지를 부여해서 다음 출장 갈 때 비즈니스석으로 업그레이드를 해서 사용할 수도 있고, 출장 후 돌아오는 길에 하루 더 숙박하며 관광을 할 때 사용해도 된다. 또한 이 마일리지 비용을 기부금으로 활용할 경우에는 그 금액만큼을 회사에서 더해 사용하도록 지원을 한다. 직원이 스마트하게 절감한 비용으로 사회공헌 활동을 하고자 할 때 기업도 동참해서 함께 좋은 일을 하는 것이야말로 스마트한 기업의 참 모습이 아닐까.

출장 업무를 전담하는 직원이 아무리 전문가라고 할지라도 모든 직원의 출장을 최적, 최저비용으로 지원할 수는 없다. 반면, 직원 개개인이 자기가 갈 출장 일정에 대해 누구보다도 최적화하고자 하는 건 당연하다. 회사는 이런 직원의 마음을 읽고, 최적의 합리적인 비용과 일정을 추출할 역량을 믿고 맡김으로써 원원하는 것이다. 비용을 절감하는 것은 그 과정에서 자연히 발생하는 것이고, 그보다 훨씬 더 큰 효과는 회사와 직원간의 신뢰를 바탕으로 합리적인 방식으로 진화하는 것이다. 이것이 바로 빅데이터를 활용한 스마트워크의 모범 사례이자, 스마트한 제도와 시스템을 통해 회사와 개인이 점점 더 현명하게 진화하는 방식이다.

오늘은 오후 4시에
퇴근하겠습니다!

01

'야근 연기력'으로 공연하는 블랙 코미디

정말이지, 야근만 없어도 직장생활은 180도 달라질 것이다. 하지만 대기업을 다니든 중소기업을 다니든, 아니 어떤 일을 하든지 간에 대한민국에서 '야근지옥'을 벗어날 수 있는 직장이 얼마나 되겠는가. 결국 직장인의 숙명으로 체념하기에 이른다.

'웃픈' 것은 상사나 부서 눈치를 보느라 회사에 남아있는 경우다. 오히려 상사가 일찍 퇴근해야지 왜 안가고 있느냐고 직원에게 물으면 한결같이 '일이 많아서'라고 리얼하게 연기를 하는 것이다. 뿐만 아니라 외부 회사는 물론이거니와 동창들 모임에서조차 요즘 자네 회사 일은 어떠냐는 질문을 받을 때면 한결같이 회사가 늦게 끝나고 힘들다고, 경쟁이라도 하는 듯 답하는 모습을 볼 수 있다.

야근을 싫어한다고 하면서도 왜 야근이 많다고 자랑을 할까? 그것은 회사원이 야근을 많이 한다는 것은 그만큼 일이 많다는 것이고, 그렇게 일이 많이 주어지는 사람은 쓸모 있는 사람이자 능력을 인정받은 직원이라는 개념이 이미 무의식중에 고착화되었기 때문이다. 직원들 스스로도 야근을 생존전략으로 삼은 것을 망각한 채 입으로는 습관처럼 불평을 하기도 한다.

근무시간 노동강도 높이되 야근, 특근을 없애야 한다

내가 미국에서 직장생활을 하면서 놀란 것은 실제로 칼퇴근을 하는 모습뿐만 아니라, 점심시간이었다. 근무종료 시간이 오후 5시라면 이미 4시 30분부터 하던 일을 마무리하고 책상을 정리정돈하기 시작하는 모습이 마치 퇴근 시간도 전에 일을 미리 그만두는 모습처럼 불안해 보이기도 하고 이래도 되나 싶기도 했지만 6시가 되자 "내일 봅시다, 좋은 저녁 되세요."라며 천진난만한 표정으로 퇴근하는 모습은 영화나 드라마에서 보던 바로 그 모습이었다.

하지만 점심시간은 참 낯설었다. 점심시간이 따로 있는 것도 아니고 회사 식당이 따로 있는 경우가 아니라면 대부분 사무실 한 쪽에 있는 냉장고에 넣어둔 재료로 직접 샌드위치를 만들어 먹거나, 집에서 준비한 도시락을 꺼내 먹고 마는 것이었다. 책상 의자에서 낮잠을 자는 직원도 1년이 넘도록 단 한 명을 보질 못했다. 그건 바로 미국에선 따로 점심시간이 한 시간 배정되어 있지 않은 회사도 많았기 때문이었다. 그래서 '9 to 5'였다. 9시부터 8시간 일해서 5시 퇴근하는 것이고, 점심시간은 커피 타임처럼 짧은 휴식 시간 안에서 해결하고 그만큼 일찍 퇴근하는 것이다.

반면, 한국은 점심시간에도 12시 전에 미리 나가서 근무시간을 단축시키는 행위를 하지 말라고 지시를 하기도 한다. 그 결과 사내식당은 줄이 밀려서 배식시간은 길어지고, 외부로 나가도 이미 온 손님들이 다 먹도록 기다려야 순서가 오는 까닭에 점심시간은 짧아진다.

이러한 차이는 우리나라는 아예 야근 등 초과근무를 가정해서 급여를 산정하는 방식을 채택하고 있는 것도 한몫한다. 현재 대부분의 사무직 근로자와 영세사업장 생산직 근로자는 관행적으로 포괄임금제를 적용하고 있기 때문이다. 포괄임금제란 매번 달라지는 근무시간에 따라 월급을 지급하기 어렵다는 이유로 일정한 근무시간과 연장 근로시간을 사전에 산정해 연봉계약을 하는 방식이다. 월 30시간의 연장, 야간, 휴일 근로를 미리 가정하는 임금제여서 장시간 근로와 휴일 근무를 당연하게 유도하는 효과가 있는 셈이다.

야근 문화를 개선하기 위해서는 더 이상의 구호나 캠페인만으로는 안 된다. 20여 년 동안 기업의 개별적인 의지와 정책에 맡겼다가 실패했기 때문이다. 정부가 포괄임금제 폐지, 시간외 수당 축소 지급 등 부당 노동행위에 대한 철저한 법 집행 등 적극적인 개선의지를 보인다면 충분히 가능한 일이다. 대통령 공약이 노동시간을 OECD 국가 평균 수준으로 줄이겠다는 것이었던 만큼, 국민들이 보다 인간적인 삶을 누릴 수 있도록 미래를 준비하는 차원에서 반드시 의지를 보여야한다.

02

학창시절로 되돌아간 사무실

포스코ICT의 사무실은 '3무 환경'으로 유명하다. 개인책상, 유선전화, 유선 네트워크 3가지가 없다는 것이다. 자기가 앉고 싶은 책상 위치는 예약을 해서 선택한다. 매일매일 예약을 하지 않아도 되도록, 그렇다고 장기간 예약을 해서 제도가 유명무실해지지 않도록 일주일 단위까지 허용된다. 이를 위해 개인 사물은 각자의 캐비닛에 보관했다가 출근하면서 필요한 것들만 꺼내 사용하는 방식이다. 사물함에 책이나 개인물품을 두는 것이 앉고 싶은 자리에 친한 사람과 자유롭게 앉을 수 있는 학창시절로 되돌아간 듯 하다는 반응도 나오기까지 했다.

좌석도 일반 좌석만 있는 것이 아니라, 여러 용도에 맞춰 선택할 수 있도록 업무집중형, 개인독서실형, 원탁형, 일반형 등으로 구분해서 다양하게 구성했다. 시행 초기 직원들의 반응은 사뭇 어색했다. 곁에 앉아 있던 동료를 버리고 선호하는 사람이 누구인지 드러나는 듯해서 부담된다고도 했고, 벽이나 창가 자리를 선점하기 위한 예약 경쟁도 벌어졌다. 제도가 자리 잡은 후 조직마다 새로운 모습이 드러나기 시작했다. 어느 부서는 부서장 근처에 아무도 가까이 앉기를 꺼려해서 빈자리가 많은가 하면, 그와 반대로 직위나 연령의 고하를 막론하고 업무별 연관성이 있는 사람들이 옹기종기 모여 있는 모습만으로도 그 부서의 분위기를 알 수 있었다.

작지만 큰 변화가 일어나다

회사가 얻는 장점은 분위기 파악만이 아니었다. 이전보다 무려 20~30 퍼센트 높은 수용률을 통해 사무실 공간효율성을 극대화하면서도 비용을 절감할 수 있었다. 또한 1년에 크게는 한두 번 내지는 작은 단위로라도 조직개편이 있을 때마다 사무실 칸막이 공사로 사용되던 비용이나 시간도 이제는 걱정할 필요가 없게 되었다.

비용뿐만이 아니었다. 개인의 고정좌석을 없애는 것으로 인해 생각지 못한 부가가치가 발생했다. 직원들의 시간 개념을 향상시킨 것이다. 예약하는 문화가 정착됨으로써 규칙과 시간을 준수하는 훈련이

자연스레 이루어졌기 때문이다. 직원들 또한 비록 작은 것이지만, 스스로 원하는 것을 선택하도록 자율권을 보장받은 것에 대해 대부분 매우 만족해했다.

물론 직급이 높은 계층에선 이런 번거로운 일을 왜 하느냐며 불만을 갖기도 했지만, 그런 계층들을 배려하느라 변화의 물결을 거스를 이유는 없었다.

개인 책상이 없어짐에 따라 직원 개인의 유선전화기도 사라질 수밖에 없었다. 기존 번호는 핸드폰으로 수신 전환해서 고객들에게 불편이 없도록 했다.

무선 네트워크로 회사 건물 안이라면 사무실, 교육장, 회의실 등 어느 곳에 가서도 업무를 할 수 있으므로 구역마다 있어야 했던 프린터도 대폭 줄일 수 있었다. 프린터기가 197대에서 14대로 90퍼센트 이상 줄어들었고, 사무용지 사용도 80퍼센트 이상 절감하게 되었다.

다음의 문구는 변동시간 근무를 하는 직원이 근무시간을 책상에 붙여놓은 것이다. '9시 정상출근 시간보다 한 시간 먼저 출근해서 5시에 퇴근할 예정이니, 혹시 자리에 없더라도 찾지 마세요'라는 메시지이다. 출퇴근 시간을 두 시간 내외로 조정해서 근무할 수 있도록 함으로써 원거리 출퇴근, 육아, 일과의 학업 병행 등의 활동을 지원한 결과, 직원들은 물질적인 보상으로 결코 얻을 수 없는 삶의 만족도와 직원들을 배려하는 회사에 다닌다는 자부심과 회사에 대한 충성심까지 높아졌다고 말하고 있다.

　이렇듯 스마트하게 일하는 것을 지원하는 것은 별도의 시스템 구축 없이도 그저 간단한 사무실 공간배치나 새로운 발상만으로도 얼마든지 가능하다.

좀비 직원이 늘어나는 이유

장거리 출퇴근을 하는 사람들이 점점 늘어만 간다. 전월세 가격 상승으로 도시 외곽으로 밀려나는 인구는 증가하고, 아예 회사가 판교나 송도 등 신도시로 사무실을 이전하는 경우도 증가하고 있기 때문이다. 정치인들 중에는 안전이라는 화두를 내세워 좌석버스 입석을 금지시킨다는 공약을 내걸기도 했지만, 오히려 버스를 기다리느라 출퇴근 시간은 더 늘어났고, 여전히 만원버스에서 앉지도 못한 채 시달리고 있다. 어쩔 수 없이 승용차를 가지고 다니지만 기름 값과 톨게이트 비용 등 경제적인 부담은 물론이거니와, 주차 스트레스도 이만저만이 아니다. 출퇴근 거리와 시간이 늘어날수록 그야말로 실질 소득은 줄어들고 삶은 고달파진다.

　한국 직장인의 출퇴근 시간은 OECD 회원국 평균 28분에 비해 한국은 58분으로 2배 이상 많다. 한국의 뒤를 잇는 일본도 40분이니, 그야말로 압도적인 1위다.

미국 워싱턴대학교에서 2012년에 출근 거리가 10마일(16킬로미터)이상인 4천 300여 명의 직장인을 연구한 결과를 살펴보면 이들이 일반인보다 고혈압 발병 가능성이 높을 뿐만 아니라, 운동부족과 비만의 위험성이 높다고 한다. 또한 스웨덴 우메오대학교의 연구결과는 장거리 통근자 부부의 16퍼센트가 결혼한 지 5년 내에 이혼한 것으로 확인됐다고 전한다.

한국의 많은 대기업들은 출퇴근시간 유연근무제를 시행하고 있거나 도입하려는 움직임을 보이고 있다. 그렇지만 유연근무를 신청하는 직원에 대한 시선이 결코 곱지 않다. 어떤 부장님은 수십 년 동안 아침 8시 이전에 출근했다가 밤 10시에 퇴근을 해왔고, 그로 인해 그 부서원들은 모두 알아서 8시를 정규 출근시간처럼 지켜야 했다. 고등학교 시절에도 반강제 자율학습인 '야자'를 했는데 회사원이 되서도 변한 게 하나 없다. 이런 풍토에서 8시 출근 5시 퇴근하는 유연근무를 신청하는 사람에게는 초과근무를 거부하는 직원으로 '주홍글씨'가 찍히는 셈이기 때문이다.

출퇴근 시간을 유연하게 조정할 수 있는 제도가 정착된 회사라는 것 하나만으로도 그 회사의 가치는 달라진다. 자율출퇴근제를 시행하고 있는 직원들의 인터뷰에서 확인할 수 있듯이, 직원을 배려한 회사에 대한 고마움은 주인의식과 충성심으로 직결되고, 이런 직원들이 일하는 회사라면 반드시 성과가 따른다.

반대로 매스컴을 통해 그저 일시적인 홍보효과에 그친 전시행정이 반복된다면 직원들은 경영층과 회사에 대한 불신이 쌓일 수밖에 없다. 이로 인해 회사는 무표정하고 무덤덤한 '좀비 사원'들이 늘어만 가는 것이다. 건강한 신체에 건강한 정신이 깃든다고 했다. 잠자는 시간을 제외하고 대부분을 회사일과 회사로 이동하는데 소진한다면, 육체적으로는 만성피로에 무기력하고 정신적으로는 멍한 상태로 시간을 때울 수밖에 없다. 회사에서 혁신이니, 스마트니 아무리 떠들어봐야 그저 남의 일로 알고 수동적으로 임한다. 제도를 추진하는 주체인 직원이 오히려 격무에 시달려 심신이 지친 상태니, 그 직원에게 동기부여의 에너지를 받기도 어렵다. 이것이 바로 '대기업 병'의 근원이다.

03

일과 가정 두 마리 토끼를 잡다, 원격근무

책상에 앉아 있어야만 일을 하는 것으로 보이는 시대는 끝났다. 스마트워크는 지정된 업무 공간인 사무실의 개념을 바꿔놓는다. 일을 열심히 하는 과정이 중요한 것이 아니라, 결과가 중요하다는 것이 핵심이다. 사무실이든 집이든 간에, 집 근처의 가까운 PC방이든 출장길 버스 안이든 간에, 인터넷만 되는 환경이면 어디서나 업무 진행이 가능한 시대이기 때문이다. 현장에서 신속한 업무 처리를 통해 업무 속도와 생산성이 향상되고 실시간 원격 협업이 가능해져서 신속한 의사 결정과 문제 해결이 가능하다. 또한 근무시간, 근무형태의 유연화로 장애인, 여성, 고령자 등 근로 취약 계층의 취업 기회 확대 등 고용 창출을 이룰 수 있다.

출퇴근 시간 단축으로 시간, 에너지 절감은 물론
출산율도 끌어올린다

네덜란드는 모든 국민을 대상으로 집에서 자전거로 출퇴근할 수 있는 거리인 반경 1킬로미터 이내에 스마트워크센터를 지원하는 것을 목표로 삼고 있다. 일정 규모 이상의 건물에는 반드시 스마트워크가 가능한 공용 사무실을 마련해서 출퇴근 시간을 단축시키고 개인차량은 물론 대중교통의 에너지 절감 및 탄소배출량을 감소시켰다. 이미 전체 기업의 50퍼센트, 대기업의 경우 90퍼센트 이상 이러한 스마트워크 센터를 운영하고 있다.

미국의 썬마이크로 시스템즈는 원격 근무로 인해 연간 이산화탄소 배출량을 2만 9천 톤 감소시키는 효과를 거두고 있다.

한국의 경우 도시 근로자의 평균 출퇴근 시간은 1시간 40분 이상이다. 전월세 가격 상승으로 인해 도시 외곽지역으로 이주하는 인구가 가속화하고 있기 때문에 출퇴근 시간과 교통비는 비례해서 늘어가고만 있는 형편이다.

하지만 한국의 원격근무 환경은 네덜란드를 비롯한 세계 어느 나라에 비해 훨씬 더 여건이 좋다. 기존 사무실 빌딩은 물론이거니와 동네마다 산재해 있지만 모바일 게임 산업의 발전으로 사양 국면에 접어든 PC방이나 모텔을 일부 개조해서 낮 시간에 활용한다면 집 근처에

127

서 얼마든지 인터넷을 활용할 수 있기 때문이다.

한국 정부는 우선 8개 부처 2개 공공기관 직원을 대상으로 체험 근무 형식으로 스마트워크센터를 시범 운영해본 결과 업무 효율성 등에 80퍼센트 이상이 높은 만족도를 보임에 따라 2015년까지 전국에 50개의 스마트워크센터를 설치해서 전체 공무원의 30퍼센트 이상이 스마트워크로 일하도록 하여 중앙과 지방 공무원들이 시간과 장소에 제약 없이 업무 수행이 가능하도록 지원할 예정이다. 아울러 민간에서도 전체 노동인구의 30퍼센트 이상이 스마트워크가 가능하도록 민간형 스마트워크센터를 450곳 이상 확대할 계획이다.

삼성 SDS는 서울 역삼동과 삼성동, 분당과 수원 등 4곳에 '어댑티브 워킹 존(AWZ)'이라는 이름의 스마트워크센터를 운영하고 있고, KT는 전국에 30여 개 이상의 스마트워크센터를 구축하여 운영 중이다.

우리나라는 세계에서 가장 낮은 수준, 프랑스보다도 낮은 출산율로 인해 세계에서 가장 빠른 속도로 고령화 시대로 치닫고 있으며 머지 않아 일본보다도 더 심각한 상황에 직면할 것이라고 전문가들은 입을 모은다. 그런데 이 저출산을 해결할 가장 효과적인 방법이 바로 원격근무나 유연시간(탄력시간) 근무이다.

2030대 여성 인력들의 경력 단절의 이유 대부분은 결혼과 출산, 육아이며, 이런 이유로 노동 시장을 떠났던 인력의 65퍼센트 이상이 재취업을 희망하고 있다. 원격근무나 유연시간 근무 등 스마트하고 유연한 제도를 만든다면 젊은 여성의 경력단절을 방지할 수 있고, 워킹맘들도 어려움 없이 아이를 양육할 수 있다. "아기 키우기 힘든 환경이다."라는 비명이 사라짐은 물론 저조했던 출산율을 끌어올릴 수 있는 것이다. 출산장려금, 육아지원비를 백날 지원해봐야 임시방편적이고 단편적인 정책에 그칠 뿐이다.

영국 브리티시 텔레콤은 재택근무를 통해 여성 인력의 출산 후 업무 복귀율이 47퍼센트에서 무려 99퍼센트로 증가했다. 결혼하고 애 낳으면 당연히 집에서 근무하는 것이 회사 문화로 자리 잡은 결과이다.

기업은 원격근무가 기존의 생산성에 얼마나 어떻게 영향을 미칠지, 사무실에서 근무하는 직원과 같은 잣대로 인사평가를 하는 것이 맞는지, 원격근무자에 대한 관리 감독 방식은 어떤 기준인지, 시간 외 수당은 인정하는 건지 등의 인사관리의 복잡성을 초래할 것을 우려해서 그리 적극적인 연구나 노력을 기울이지 않고 있다.

스마트워크 시스템을 완벽히 갖췄단 하더라도 재택근무나 원격근무를 하는 것으로 인해 인사고과에서 불이익을 당한다거나, 회사나 조직에 대한 충성도가 떨어지는 것으로 인식하는 부정적인 관념을 변화시키지 못하면 아무런 소용이 없다. 눈앞에서 일하는 모습이 보여야만 일하는 것으로 믿는 고정관념으로 인해 많은 직원들이 야근도 불사하는 마당에, 집이나 다른 사무실에서 일하는 것을 희망하는 사람을 색안경 끼고 보는 경향은 아직 남아 있다. 스마트워크가 성공적으로 정착하는 최우선 순위는 상호간 신뢰하는 것이라는 사실을 다시 한 번 강조한다.

04

인생 이모작 준비야말로
스마트하게

사회구성원이 되려면 여러 가지 면에서 '검증'을 거쳐야 한다. 입사 시험만 하더라도, 수백 대 일의 경쟁을 뚫고 전공 지식은 물론이거니와 사고력, 표현력, 외국어 능력, 올바른 가치관, 체력, 취미 등 그야말로 전인적인 항목 평가를 거쳐야 하지 않았는가.

하지만 회사원으로 해를 거듭할수록 조직에 순응하며 평범해져간다. 입사하면서는 자기 개발을 소홀히 하지 않을 것이고 입사 10년 즈음에는 그간 쌓은 지식을 바탕으로 책도 한 권 쓰겠다는 각오를 면접관 앞에서 약속했던 기억은 점점 더 멀어져만 간다. 그 시절 기억이 떠오르기라도 할 때면 부끄러운 맘과 어쩌다가 이렇게 되었나 하는 자괴감이 들기도 하지만, 다른 사람도 다 마찬가지라는 것에 조그마한 안도감을 갖는다.

일도 잘하고 자기계발에도 힘쓰는 '팔방미인'들이 뜬다

남다른 취미나 성취로 주목을 받는 동료들도 있다. 요가 지도자 자격증이나 커피 바리스타 자격증을 땄다거나, 보디빌딩 대회에 나가 수상을 하는 직원들이 있다. 괜히 의구심이 들기도 한다. 그 의구심의 정체는 바로, 저런 친구는 분명 회사 일은 뒷전이고 취미생활에만 정신을 쏟으니 저런 일도 가능했을 거라는 '색안경'에서 기인한다. 인사부서는 과연 제대로 근태 관리를 하는 건지, 직속상관과는 관계가 좋을지, 동료들은 과연 피해본 일은 없을지 궁금하기도 하고, 잘 알지도 못하면서 아예 그랬을 거라는 전제를 깔고 폄하하기도 하는 것이다.

그러나 예상과 다르게 남다른 성취를 이룬 직원들은 대부분 부서에서 일도 잘하고, 동료들에게 인기도 좋은 편이다. 문제가 있었으면 그런 높은 경지(?)에까지 이르기 전에 이미 불거졌을 가능성이 높았을 것이다. 이들을 들여다보면 시간 관리에 남다른 노하우가 있다. 남보다 아침 일찍 일어나 체육관을 간다던가, 일찍 출근해서 마치 조용한 사무실 전체가 자기 작업실이라도 되는 양 홀로 커피향을 음미하며 글을 쓴다던가, 퇴근길에 학원에 들러 색소폰을 연습하던가, 스포츠댄스를 연마하고, 제빵 기술자 자격증을 준비했던 것이다.

무엇보다도 이들이 대단하다고 느껴지는 부분은 이러한 노력을 단기간 집중 투자해서 얻은 것이 아니라는 점이다. 몇 년 동안 꾸준히 지속해왔다는 것이야말로 대단한 의지력이고, 초심을 한결같이 지켜왔다는 것이니, 어디서 그런 열정과 에너지를 지속시키는 동력을 얻을 수 있었는지 궁금하기만 하다.

이렇듯 동료 입장에서는 부럽고 존경할만한 직원이지만, 회사 입장에서 보면 자기계발에 힘쓰는 직원은 '한눈을 파는 것'처럼 보여서 그리 환영하지 않았던 것이 사실이다. 하지만 최근, 이러한 인식에 균열이 생기고 있다.

직원의 인생설계를 돕고, 회사 인력 순환에도 도움이 되는
은퇴준비 프로그램

한국이 전 세계적으로 유래 없는 빠른 속도로 초고령화 사회로 진입함에 따라 공공기관, 대기업부터 정년이 연장되고 있다. 하지만 단순히 일하는 기간만을 늘이는 것은 아니다. 정년이 되기 전에 그만두는 직원들에게 '인생 이모작'을 위한 생애 설계 프로그램이 도입되었거나, 본격적으로 개발되고 있다. 글로벌 S기업에서는 40세, 45세 등 연령대에 따라 다른 프로그램을 제공하고 있다.

아무 준비 없이 정년퇴직이나 명예퇴직을 하고서 부랴부랴 창업을 했다가 오히려 빚을 지고 실패하는 경우가 허다하니, 회사에 재직할

133

때 아예 새로운 인생 설계를 준비하도록 회사 차원에서 교육을 제공하는 것이다. 퇴직금에 집 담보로 빚을 얻어 자본금을 투자하는 창업이 아니더라도, 여러 방면으로 기회를 찾을 수 있다.

관리부서에서 근무했던 직원에게 그간 쌓아온 업무 지식을 잘 전달할 수 있는 강사양성과정을 통해 전문적인 강의 자료도 제작하고 이에 걸맞은 강연 스킬도 배워서, 학교에서 강의를 할 수도 있고 채용면접 코치로 활동할 기틀을 마련해 주는 것이다. 마치 대학생이 회사에 취업하기 위해 인턴으로 근무했던 것처럼 4050 직장인도 미리 제2의 직업을 경험해서 적성을 확인하고 구체적인 준비를 선행하는 것이 필요한 시대가 되었다.

치킨집이나 국밥집을 차릴 목표가 있는 직원이라면 체계적으로 제품 기획, 마케팅, 구매, 회계, 인사 관리, 서비스 마인드 등 체계적인 창업 스쿨 과정을 일과 후 교육을 받음으로써 직원은 물론 회사도 윈윈하는 효과를 거둘 수 있다.

정년 연장을 해가며 끝까지 회사에 남아 있으려던 직원들에게, 또 다른 생애 설계를 구체적으로 준비하게 함으로써 더 늦기 전에 하루라도 빨리 시작하는 것이 필요하다는 사실을 깨닫게 해주기 때문이다.

나는 생애 설계 프로그램 강의에서 만난 교육생들의 눈빛과 강사에 반응하는 태도를 보며 느낀 바가 참 많았다. 평소 회사 교육에서는 아무리 흥을 돋우는 프로그램일지라도 직원들의 반응은 시큰둥하다 못해 적대적이기까지 했기 때문이다. 인생의 목표를 구체적으로 적고 옆 사람과 나누며 구체화하라는 프로그램에서는 "낼 모레 정년퇴직인 내게 뭘 더 바라냐? 내가 원하는 건 정년 연장 아니면 로또뿐이다." 라고 한숨 쉬는 어느 부장님 앞에서 꿀 먹은 벙어리가 된 적이 있었다.

하지만 인생설계 프로그램에서 만난 이들은 일과 후 교육이었음에도 불구하고 피곤한 기색 하나 없이 매우 적극적이고 절실한 모습이었다. 평소 회사의 공식적인 교육 때 태도를 떠올리면 한편으로는 배신감(?)마저 느낄 정도였다.

스마트워크로 스마트한 인생 2막을 준비하라

아직은 일부 소수의 회사를 제외하고는 이러한 생애 설계 프로그램이 제공되지 않는 게 현실이다. 하지만 이대로 기다릴 수도, 기다려서도 안 된다. 하루라도 속히 직장 생활 이후의 삶과 직업에 대해 준비해야 한다. 아직 구체적인 아이디어가 없다면 취미생활이라도 반드시 지속해야 한다. 취미생활이야말로 자기가 좋아하는 것이자, 취미수준을 넘어서기만 하면 직업과 연계될 확률이 상상했던 것 이상으로 높으며, 실패하지 않을 확률도 높기 때문이다.

취미생활을 제2인생설계로 연결하는 사람들은 생계를 위해 부랴

135

부랴 창업을 준비하는 사람들보다 훨씬 더 오랜 기간에 걸쳐 준비한 셈이다. 창업이 아니더라도, 다양한 분야의 사람들이 모인 동호회 모임에서 활동하다가 그곳에서 기회를 얻어 이직하거나 새로운 출발을 하는 사람들도 심심찮게 있다.

안철수는 의과대학에 진학했지만 취미였던 컴퓨터 바이러스 치료에 관심을 가져서 파고들었다가 한국의 대표 컴퓨터 프로그램 기업인 '안철수연구소'(현재 안랩)를 탄생시켰다. 그가 한 말을 여기에 소개하겠다.

"자기가 하는 일이 있고, 뭔가 모르지만 하고 싶은 일이 있을 때, 사람들은 하고 싶은 일을 위해 현재 일을 버려야 한다고 생각한다. 그래서 많이들 불행해진다. 흔히 생각하길 55세까지 회사를 열심히 다니다 정년퇴직을 한 다음에 환경운동가에 도전하겠다고 한다. 그러면 안 된다. 아는 사람도 없고, 그 분야도 모른다. 막연히 하고 싶다는 것과 실제로 해서 만족할 수 있는 것은 다르다. 고민을 하는 건 좋은데 고민만 하면서 계속 세월을 보내는 것은 아니라고 생각한다. 충고하건대 고민만 하며 미뤄 놓고 있지 말고, 주말이나 일주일에 하루 저녁 시간을 내서 그 시간에 하고 싶은 일을 시도해 보라. 시작했으면 이미 반은 성취한 것이다."

공무원 김경수 씨는 정년이 보장되는 안정적인 직업으로 남들이 부러워하는 구청 공무원이다. 40세가 넘어 취미로 시작한 마라톤을 꾸준히 이어가다가 급기야는 휴가 때 비행기를 타고 건너가 사하라, 고비, 타클라마칸, 그랜드캐년 등 사막 오지를 달리는 오지레이서로 활동하고 있다. 10년간 달려온 이야기를 담은『미쳤다는 말을 들어야 후회 없는 인생이다』라는 책을 내고난 뒤, 퇴근 후에는 젊은이들에게 삶의 이정표가 되는 강연자로 활력 넘치고 보람 있는 50대의 삶을 누리고 있다.

이제 자기계발은 여건이 되면 하고 아니면 마는 것이 아니라, 생존을 위한 필수 조건에 가깝다. 스마트워크 제도로 야근 없이 일찍 퇴근하더라도 딱히 자기 발전에 투자할 거리가 없으면 별 의미가 없다. 자신의 인생설계와 이를 위한 준비도 스마트하게 도전해야 하는 시대다.

05

적성과 의욕에 꼭 맞는
분야가 있다면, 알려라

예전에는 직원들의 책상 상태를 보면 그 직원에 대한 여러 정보를 얻을 수 있었다. 퇴근한 후 책상이 말끔히 정리되어 있는 직원이 있는가 하면, 쓰고 난 종이컵이 그대로 있고 서류가 어질러진 채 퇴근한 직원도 있다. 정리된 상태라도 어떤 직원의 책상에는 책들이 빼곡히 놓여 있기도 하고, 어떤 직원은 그저 깨끗하기만 할 뿐 책 한 권 읽은 흔적이 없다. 책상에 놓인 책 제목을 한 번 살펴보면 또 다른 정보를 얻을 수 있다. 업무나 전공에 관한 전문서적을 주로 보는지, 캠핑이나 테니스 등 취미활동에 빠져 있는지, 리더십이나 자기계발서를 탐독하고 있는지를 보면 그 사람이 어떤 분야에 대해 관심이 있고 지식활동을 하고 있는지 짐작해볼 수 있다.

이제는 변동 좌석제가 운영되면서 퇴근할 때 책상을 깨끗이 정리하는 게 의무적이기도 하고, 변동 좌석제가 아닐지라도 정보보안이 강화됨에 따라 퇴근 시 직원들의 책상은 깔끔히 정리돼서 큰 차별점을 찾기 힘들어졌다. 그 대신 '개인 블로그'가 그 역할을 하고 있다.

직원 역량 평가 및 보직 결정에 큰 도움이 되는 개인 블로그

포스코는 스마트워크 시스템을 도입하면서 1만 6천 명 직원을 포함하여 24개 패밀리사 4만여 명의 직원들에게 개인 블로그를 부여하고 사용을 독려했다. 처음에는 직원들은 시큰둥했고 관리자들은 우려의 시선을 보냈다. 사실 개인 블로그 운영 권고사항은 별 것 아니었다. 본인이 직접 작성한 문서면 금상첨화겠지만, 웹 서핑을 하다가 좋은 글이나 동영상을 발견하면 본인 블로그에 한 달에 한 건 이상만 등록하면 되는 것이었다.

그동안 블로그 접속을 차단해 놓더니만, 이젠 강제적으로 블로그 운영을 필수적으로 강권하면 일은 언제 하냐고 불평하던 직원들은, 한 달에 한 건 등록이면 충분하다는 조건에 이왕 할 거라면 제대로 하지 한 달에 한 건이 뭐냐며 비아냥거리기도 했다.

하지만 회사 입장에선 한 달에 한 건이면 충분했다. 전 직원이 4만 명이니 한 달에 무려 4만 건씩의 유용한 자료가 축적되는 것이다. 시간이 지남에 따라 개인 블로그는 직원들의 역량과 성향에 따라 확연히 구별이 되기 시작했다. 회사의 방침에 나 몰라라 전혀 활동을 하지 않는 직원도 있었고, 유용한 정보를 체계적으로 잘 배치해 놓은 직원과 그저 닥치는 대로 온갖 정보를 마구 쏟아내는 직원도 있었다. 지금 하고 있는 일은 현장 엔지니어였지만, 경영혁신에 관한 글을 전문가 못지않게 잘 모아놓고 직접 글을 올리는 직원도 있었다. 바리스타가 되기 위한 수련 과정을 상세히 정리해 놓은 직원도 있었다.

놀라운 점은 인사팀에서 개인 블로그를 통해 직원을 선발하기도 했다는 것이다. 북한에서 광물을 수입하는 부서에서 일할 사람을 소싱하던 중 설마하고 스마트워크 시스템을 통해 검색해봤는데 북한에 관련한 자료를 많이 담은 블로그가 있었던 것이다! 교회 선교활동을 후원하는 직원이 선교활동을 홍보하고자 북한에 관한 정보를 개인 블로그에 빼곡히 정리한 결과였다. 그 직원은 북한에서 광물을 수입하는 부서로 당당히 스카우트 되어 역량을 톡톡히 발휘하고 있다.

이후로 인사팀에서는 보직변경을 희망하는 직원들을 검토할 때 개인 블로그를 살펴보게 되었다. 한발 더 나아가 직원들에게 이렇게 안내하기에 이르렀다.

'이전하고 싶은 부서나 하고 싶은 업무에 대해 본인이 얼마나 준비되었는지를 블로그를 통해 알려주세요. 그저 근무 지역이나 맘에 안 맞는 상사를 피하기 위해서가 아니고, 얼마나 그 업무에 적합한 역량

을 갖추었고 준비했는지 잘 어필해준다면 보다 합리적이고 적정한 보직 결정에 도움이 될 것입니다.'

꾸준한 블로그 활동, 인생의 전환점 마련하다

회사에서 개인 블로그 운영을 강요하지 않더라도 개인 블로그를 운영하는 것은 여러모로 장점이 많다. 일기를 쓰듯 본인의 이야기나 활동을 기록으로 남기는 것과 그렇지 않은 차이는 크다.

주말에 가족이나 친구들과 놀러간 풍경이나 맛있게 먹은 음식 사진을 올리는 것도 오랜 기간 지속된다면 좋은 추억을 되살릴 수 있다. 하지만 본인이 일하면서 느끼고 배운 바를 정리하는 것은 개인 차원을 넘어 조직은 물론이고 전혀 생각지 못했던 사람들에게까지도 값진 정보로 인정받을 수 있다. 취미생활도 처음엔 어떻게 배우기 시작했고 어떤 과정을 통해 배워나갔는지에 대해 블로그에 남겨놓음으로써 진행에 따른 커리큘럼뿐만 아니라 배우는 사람의 감정까지 엿볼 수 있어서 때론 전문가들이 만든 자료보다 더 유용한 자료가 되기도 한다.

개인 블로그를 통해 새로운 기회를 스스로 만든 사례를 몇 가지 소개하고자 한다.

『퇴근 후 이기적인 반란』의 작가 윤정은은 중소기업, 쇼핑몰 운영,

학원 강사, 파티플래너 등 여러 직업을 전전하며 번번이 실패를 거듭하다가 서른이 되었다. 하지만 그 와중에도 책 읽기를 멈추지 않았을 뿐만 아니라 읽은 책에 대한 소감과 인상 깊은 구절을 개인 블로그에 올리는 것을 5년 이상 지속했다. 감명 받은 책의 작가들에게 감사 편지도 보냈고, 허락을 구하면 직접 만나서 조언을 구하고 친분도 쌓아가면서 본인의 책을 직접 내기에 이르렀다. 그렇게 나온 책이 윤정은 작가 자신의 이야기를 토대로 20대 여자들에게 책 읽기를 안내하는 『하이힐 읽고 독서하기』였다. 습작처럼 낸 첫 책이었지만 일약 베스트셀러가 되었고, 이후로 『퇴근 후 이기적인 반란』 등 6권의 책을 더 내고 직업 작가로 새로운 인생을 스스로 개척하기에 이르렀다.

나는 우리 회사로 찾아와서 책 한 권 내는 게 소원이라며 당차게 얘기하던 그 생기 있는 눈빛을 기억난다. 당찬 그녀가 꼭 성공할거란 믿음이 있었고, 그 믿음이 틀리지 않았음을 증명해 준 것이 고마울 따름이다.

개인적인 이야기이지만 나의 아버지에 대해서도 잠시 소개하고자 한다. 해외 주재원으로 오랜 기간 근무하신 아버지는 매년 말 수첩이 나올 때마다 빼곡히 적어놓은 영어 속담과 명언을 새 수첩에 옮겨 적으시기를 30년 가까이 하셨다. 외국 사람들과 식사자리에서 이런 격언을 화제로 올리면 분위기도 훈훈해지고 오히려 미국 사람이 외국인이 전하는 영문 글귀를 받아 적어 가기도 하신다는 것이었다.

하지만, 나는 무례하게도 컴퓨터에 한 번 저장을 해 놓으면 될 것을 뭐 그리 매년 수고스럽게 그 일을 하시냐고 비아냥거리고 말았다. 옮겨 적으면서 다시 한 번 잘 기억하고 있는지 점검을 하고 시시한 내용은 빼기도 하고 새로 넣기도 하시는 이른바 '업데이트'를 하시는 것이었다. 은퇴하신 후 아버지는 학원에 다니며 홈페이지를 만드는 방법을 배워 그 공간에 수첩에 있는 내용을 옮겨 담으셨다. 그렇게 만들어진 개인 홈페이지를 통해 알려진 아버지 평생을 통해 모은 영어 격언은 많은 사람들에게 알려지고 찬사를 받았다. 『사이버 공간에서 만난 아버지』라는 책이 나왔고, 여러 출판사들의 요청 속에 『합창 같은 삶』이란 책도 연이어 내게 되셨다.

나는 아버지가 책을 연이어 출간하는 모습에 적잖은 충격을 받았다. 형식은 구닥다리 같아도 오랜 기간 축적된 기록의 위력을 실감했다. 나도 그때부터 꼬박꼬박 개인 블로그에 글을 올리기 시작했다. 하고 있는 인사업무 중에서 채용 면접에 관련한 에피소드를 모았고, 한편으로는 내가 좋아하는 스포츠 경기에 관한 이야기도 꾸준히 적었다. 큰 시간을 할애할 이유도 여건도 없었고, 그저 틈이 날 때마다 심심풀이로 꾸준히 이어갔다.

블로그에 글이 쌓이는 것이 7년 이상 되니 생각보다 많은 사람들이 다녀갔고 글을 퍼나르기도 했다. 이왕 쓴 글이니 인터넷 신문사에 독자 투고 형식으로 글을 송고했는데, 반응이 좋아 아예 객원기자로 활동을 하게 되었다. 블로그는 이제 내가 쓴 기사들을 모아 놓는 기자 블로그로 분류가 되고 있었다. 그렇게 쌓인 글로 채용 면접에 관한 『면접잔혹사』를 출간했고, 제법 주목을 받았던 스포츠 기사들을 추려 『아프니까 격투기다』라는 책을 연이어 내게 되었다. 이 책도 변화관리 강의 활동을 하면서 느낀 것들을 정리해 놓은 기록을 토대로 만들어졌다.

어디까지나 사례를 든 것이지만, 이렇듯 개인 블로그를 운영하는 일은 유익할 뿐만 아니라 상상을 초월하는 파급력이나 기회를 제공하기도 한다. 그래도 개인 블로그를 권장하는 것에 대해 '일하는 것도 벅찬데 어느 세월에 개인 블로그를 운영하냐'고 반문하는 사람들이 있을 것이다. 출퇴근 시간은 물론 사무실에서도 틈만 나면 스마트폰으로 게임을 하거나, 퇴근 후 밥 먹은 사진을 올리는 것만 할 게 아니라, 자기 본업에 관해서도 되돌아보고 정리해서 기록으로 남기는 일에 투자한다면, 전문가로 성장하게 될 것이고 남다른 경쟁력을 확보하게 될 것이다.

인류 역사상 가장 큰 제국을 이뤘던 몽고제국이나 아메리카 대륙의 주인이었던 인디언들이 쉽게 몰락하고 이후로도 존재감이 초라한 것은 기록 문화가 미비한 까닭이다. 당대에도 시스템이나 노하우가 쉽게 전수되지 못했고, 후손들에게도 찬란했던 역사를 증명하고 자존감을 일으킬 방법이 없으니 그야말로 일장춘몽처럼 쇠락하고 말았다.

기업의 스마트워크는
계속 진화 중

01

개인 취향대로 꾸미는
회사 업무 시스템

출근을 하면 가장 먼저 컴퓨터 전원을 켜는 것으로 하루 일과를 시작하게 된 지도 10여 년이 훌쩍 넘었다. 중견 기업 이상에서는 대부분 각자 기업의 특성을 반영한 포털 사이트Enterprise Portal를 구축해서 사용하고 있다.

1990년대에 인사시스템, 회계시스템, 구매시스템 등 각각의 시스템이 개별적으로 전산화를 이루기 시작했다. 수기 인사기록카드가 시스템 화면으로 대체되었지만, 구매 결재는 여전히 수기 결재를 하거나 또 다른 시스템에 접속하는 식이었다. 그러다가 회사 업무에 관한 모든 시스템이 통합된 사이트가 구축되면서 비로소 기업포탈 그룹웨어라는 개념이 정착되었다.

하지만 한 곳에서 모든 업무에 관한 시스템이 모여 있다 보니, 화면은 마치 난립한 상가 간판처럼 복잡해져만 간다. 기존의 시스템 외에도 각종 공지사항이 배너로 화면을 꽉 채우고 있는 것이 바늘 하나 들어갈 틈 없어 보인다. 게다가 직무나 성향에 따라 불필요하거나 거의 볼 일이 없는 시스템이 화면을 구성하고 있어서, 첫 화면에 보이는 시스템 버튼 중 실제로 사용하는 것은 30퍼센트도 안 되지만 회사 업무상 사용하는 화면을 모든 직원의 입맛에 맞게 바꿀 수도 없었다.

P사의 스마트폰 앱과 같은 구성방식의 사내업무 시스템

P사는 스마트워크 시스템을 도입하면서 첫 화면부터 파격적인 변화를 꾀했다. 회사 업무 포털사이트 첫 화면을 아무 것도 없는 빈 상태로 제공한 것이다. 백지 상태의 빈 화면을 마치 스마트폰 앱처럼 직원

개개인이 원하는 대로 사내업무 시스템을 구성하는 방식이었다.

개개인의 업무 특성에 맞게 필요한 시스템 앱을 선택하는 것뿐만 아니라, 배치 순서는 물론 화면 레이아웃, 색상, 화면별 네이밍, 보이는 방식 등을 본인의 취향대로 꾸미는 것이었다. 배경화면도 가족사진이나 운동하는 자신의 멋진 모습을 찍은 사진 등 자유롭게 만들 수 있다. 그야말로 스마트폰처럼 구성하는 방식을 도입했다.

걱정과 우려 속에 시스템이 도입되자 직원들의 반응은 예상했던 대로 양 갈래로 나뉘었다. 젊은 직원들은 대부분 익숙하게 화면을 구성했고 긍정적인 반응을 보였지만, IT 기기에 그리 익숙하지 않은 계층은 시큰둥했다. 시스템을 잘 모르는 나이든 사람들 힘들게 하여 도태시키려고 이런 쓸데없는 걸 만든 거냐며 반발하기도 했다. 사전 변화관리 교육에 아예 참석하지 않은 직원들은 "대단한 시스템이 도입된다더니, 왜 가동 첫날부터 버그가 있냐? 내 화면은 백지로 아무것도 나타나질 않는다. 조치해 달라."며 상황실에 장애접수를 하기 바빴다.

하지만, 거듭되는 변화관리 교육과 안내를 통해 화면을 구성하고 난 후 이들의 반응은 변하기 시작했다. 나쁠 이유가 없었다. 영업, 구매, 기획, 혁신, 개발 등 업무상 가장 빈번하게 쓰는 시스템을 배치하는 것은 물론 환율, 일기예보 등의 정보도 원하는 위치에 배치시켜 손쉽게 접근하도록 구성했다. 노사위원을 맡은 직원은 직원의견 게시판을 가장 잘 보이게, 그것도 위젯 형태로 구성해서 항상 업데이트되는 내용을 한 눈에 살펴볼 수 있게 했고, 사내 동호회 활동을 하지 않는 직원은 동호회 게시판 앱을 아예 설치하지 않고서 자기만의 홈페이지를 꾸밀 수 있다는 것에 만족했다.

❖ P사의 스마트폰 앱과 같은 구성방식의 사내업무 시스템

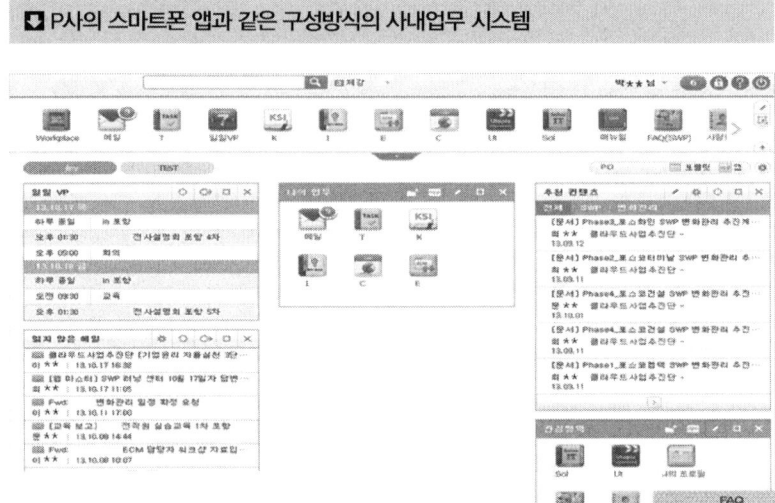

도입 후 시간이 지나자 직원들의 화면은 그야말로 각양각색이었다. 화면 배색을 분홍빛으로 꾸민 직원들은 대부분 여직원들일 줄 알았는데 의외로 부장님들이 많기도 했고, 한눈에 봐도 세련되고 치밀하게 화면을 구성해 놓은 직원을 보며 '음, 평소 일 잘하는 직원은 역시 뭐가 달라도 다르군.' 하고 감탄하기도 했다.

직원들을 감탄하게 하는 앱들이 입소문을 타고 확산되기도 했다. 추천 콘텐츠라는 앱을 설치해 놓으면 내가 하는 업무 패턴, 즉 메일,

보고서, 결재, 검색, 블로그 활동 등의 데이터를 종합적으로 분석해서 내가 관심이 있어할 만한 콘텐츠를 알아서 추천해주는 것이 신기하고도 꽤 유용하다는 것이었다. 이러한 앱들은 앱스토어에서도 전 직원 중 몇 명이 설치를 한 상태인지를 알 수 있어서 인기 앱을 쉽게 짐작하는 데 도움이 된다.

시스템을 벤치마킹하러 왔던 K 방송국의 한 직원은 첫 화면을 구성하는 개념에 적잖이 놀라며 이런 질문을 하기도 했다.

"만약에 직원이 꼭 설치해야 하는 앱을 설치하지 않아서 발생하는 것에 대한 책임은 누가 지나요?"

말하자면, 인사발령 앱이나 건강검진 신청 앱을 깔지 않아서 업무에 지장을 받지는 않을까 하는 걱정이었다. 물론 직원들이 꼭 봐야만 하는 업무공지, 메일 등의 5~6개 앱은 초기 화면에 설치가 된다. 하지만 그 외의 300여 개의 시스템 앱은 그야말로 본인이 선택하는 방식이어서 그럴 수도 있지만, 그건 예전에 거의 모든 공지사항을 한 화면에 공지를 했어도 발생하는 것과 차이가 없었다. 정말 급박한 공지사항 안내 등은 팝업 창을 통해 알릴 수 있으니 안심해도 된다.

직원들이 꼭 봐야 하고 알아야 하는 공지사항도 보지 않다가 그 책임을 회사에 물을까 염려하기 보다는, 직원들에게 자율성을 부여하고 개성을 발휘하고 스스로 효율성을 찾도록 하면서 그에 관한 책임을 지도록 하는 것이 훨씬 더 선진적이고 스마트한 관리이다. 다시 한

번 강조하지만, 스마트워크의 시작은 노사 간 직원 간의 신뢰가 바탕
이 되어야만 한다.

02

스마트한 업무지시로
시행착오를 막는다

약속이 있어 먼저 퇴근하는 상사가 열심히 일 하고 있는 직원에게 웃으며 한 마디 던진다. "김 대리 무슨 일을 그리 열심히 하고 있어?"

상사는 호의적으로 건넨 말이지만, 듣는 직원의 입장에선 그렇게 단순하게 받아들지 않는다. 왜 퇴근 시간이 넘은 지금까지 일을 해야 하는지, 몇 명 되지도 않은 팀원인데 어떤 일을 하는지 왜 모른다는 건지 이해가 안 가고 서운하기도 하다는 것이다.

업무를 내리고 수행하는 입장에 따라서도 서로에게 느끼는 아쉬움은 공존하는 법. 상사는 지시한 업무가 얼마나 진행되고 있는지 그저 궁금해서 얼마나 진척되었는지 물어보는 것이지만, 직원의 입장에선 내가 그 일 말고도 하는 일이 얼마나 많은지, 다른 사람에게 요청 받은 업무는 과연 얼마나 되는지를 도무지 모르는 듯해서 당황스럽고 섭

섭한 감정이 생긴다.

　상사는 매일 진도관리로 닦달하는 듯 느낄까 눈치 보면서 물어봐야 하는 상황이 아쉽다. 늦으면 늦는다, 다른 위중한 일을 다른 사람에게 지시 받은 게 있으니 그 일부터 하면 안 되겠는가 등의 커뮤니케이션이 있으면 얼마든지 지시 업무 기일을 늦출 수도 있겠는데, 도무지 파악이 안 된다는 것이다. 그래서 중간보고를 하라고 하면 그 보고 때문에 업무 진도를 못 나간다고 볼멘 표정이 되는 것도 부담스럽다.

　그렇게 해서 약속된 날에 보고서를 받아보았지만, 예상했던 것과는 전혀 '핀트'가 맞지 않았기에 지적을 하고 코칭을 한다. 작년에 작성한 보고서를 보기는 한 건지, 그 일을 담당했던 직원과 얘기라도 한 번 해보기나 한 건지 물어보고, 아예 정보가 없으면 담당자나 참고 문서를 알려준다.

　그런데 직원은 고마워하기는커녕 '왜 다른 직원들이 우리 부서장의 업무 지시는 녹음기로 녹음을 해놓아야 한다고 하는지 이해가 간다' '처음에 지시할 때부터 그렇게 포인트를 명확히 잡아주었으면 헛고생 안하고, 일주일간 투자한 보고서를 처음부터 다시 작성하느라 주말에 나와서 야근하지 않아도 될 것을……' 하고 몹시 아쉬워하는 것이다.

클라우드로 팀원 개개인의 업무 수행 현황을 파악한다

P사는 클라우드를 활용한 업무 지시 수행에 관한 시스템을 이렇게 사용하고 있다. 지시 받은 업무를 요약해서 제목을 달기만 해도 그와 관련된 사내 보고서나 블로그 자료가 화면 오른쪽에 리스트업 된다. 뿐만 아니라 20여 개 계열사를 통틀어 그 업무에 관한 전문가들이 협업자로 추천돼서 혼자서 해결할 수 없는 과제의 경우 활용할 수 있도록 도와준다. 직속 상사가 아닌 경우에라도 필요 시 업무 진행상황을 열람해 볼 수 있도록 참조자로 지정할 수도 있다.

진행되는 상황은 그 일에 참여한 수행자, 지시자, 협업자 모두가 본문 내용을 업데이트 시키는 것이나 댓글을 통해 드러난다. 본문 내용이 바뀔 때마다 버전이 바뀌어 저장되기 때문에 과거의 진행상황까지도 살펴볼 수 있다. 과제 수행이 끝나게 되면 누가 얼마만큼 잘 도와주었는지 평가를 통해 기록이 축적된다.

이런 방식을 통해 팀장은 구성원 개개인이 어떤 업무를 실제로 하고 있는지 파악할 수 있다. 또한, 직원의 입장에선 평가권자인 팀장이 시킨 업무가 아닌데도 하지 않으면 안 되는 팀 내 또는 타부서로부터의 업무 요청이 얼마나 되는지 알 수 있고, 이런 업무를 어떻게 수행하고 있는지도 알 수 있다. 검색이 용이하다고 무분별하게 협조 요청을 보내는 것을 우려하는 사람도 있다. 그런 경우에 대비해 협조 요청이 오더라도 본인의 의사에 따라 거절할 수 있도록 했다. 모든 협업자에 대해서 반드시 평가를 하지 않아도 상관없다.

본인이 연 초에 계획했던 업무에 대해 일 년에 한두 번 기억력을 더 듬어 평가를 하는 것에서, 당초 계획에 없던 수시 업무, 돌발 업무, 협조 요청 업무에 대해서도 평가에 반영하는 것은 매우 현실적이고 합리적인 방법이다. 구글 등 글로벌 기업에서는 아예 연간 목표를 100퍼센트 달성해도 본인 평가의 절반일 뿐이고, 나머지 50퍼센트는 비계획성 업무나 고객으로부터의 피드백 등이 차지하고 있다. 다른 사람, 다른 부서 업무일지라도 회사 입장에서는 소홀히 할 수 없는 업무이고, 오히려 비계획성 돌발업무가 더 위중하다는 것을 직원들이 공감하고 이에 발 맞춰 일할 수밖에 없도록 시스템이 구성되어 있다.

국내 기업에서 이와 같은 스마트워크 시스템이 도입되자 실제적인 변화가 뒤따랐다. 먼저 이메일을 주고받는 횟수가 줄었다. 주간업무 일지를 작성할 때, 평소 같으면 구성원별 또는 지역별로 일일이 메일을 받아 일일이 열어보고 내용을 취합해서 요약을 했었지만, 이제 메일은 댓글로 대체되고 이를 토대로 팀원 모두가 본문 내용을 수정함으로써 공동 작업으로 업무 수행 결과가 정리된다. 게다가, 이 내용은 버튼 하나만 누르면 기존의 주간업무 보고서로 변환되기 때문에 별도로 보고서를 작성하지 않아도 된다. 뿐만 아니라 보고서 내용도 보고를 위한 보고서가 아니라, 모든 수행자들이 참여한 흔적이 그대로 전해지는 현장감 있고 따끈따끈하게 살아있는 보고서가 될 수밖에 없다.

포스코ICT에서는 베트남 지하철 건설에 참여하게 되었다. 인구가 9천만 명이 넘는 나라지만 이제 처음으로 지하철 1호선을 구축하는 것이었고, 이미 40여 년의 역사를 가진 한국의 노하우를 전하기 위해 여러 부서들이 협업을 해야만 하는 대형 프로젝트였다. 영업, 마케팅, 법무, 재무, 회계, 구매부서 등의 담당자들에게 일일이 베트남 지하철 프로젝트를 설명하고 진행상황을 알리는 것을 아래와 같은 스마트워크 태스크 관리 시스템으로 수행하고 있다.

프로젝트에 대한 정보와 각 부서 협업자들이 해야 할 일은 본문으로, 이에 대한 각자의 활동에 대해서는 댓글을 다는 방식으로 프로젝트에 관한 진행 상황을 상세하고 생생하게 알 수 있다. 각 부서의 사업부장이나 임원들은 참조자로 지정되어 있어서 의견을 내거나, 온라인 지시를 통해 일의 진행을 돕고 관리할 수도 있다. 프로젝트가 완료되지 않은 상태지만 현 상황을 보고하고자 하면 클릭 하나로 본문 내용이 보고서 양식으로 변환되어 별도의 보고서 작업을 생략하는 것은 물론, 그야말로 현장감 있는 살아있는 보고서를 만들 수 있다.

03

인재를 최대한 활용하고
합리적인 평가까지 한다

공정하고 합리적인 근무 평가의 필요성과 중요성은 더 이상 설명이 필요 없는 절대 명제이자, 어쩌면 영원히 풀기 힘든 숙원이다. 그래서 더욱 직원들의 연봉과 승진을 결정하는 평가 시스템 하나만으로도 그 회사가 직원을 어떤 방식으로 대하는지, 어떻게 소통하는지, 어떤 철학으로 회사를 운영하는지를 종합적으로 판단할 수 있다. 평가자와 피평가자 간의 갈등과 서운함은 직원간의 문제로 그치지 않고 회사와의 관계를 정리하고 이직하는 가장 큰 원인을 제공한다.

평가에 대한 직원들의 불만은 결과가 아니라, 평가를 내리는 방식에 대한 불만이 더 크고 심각하다. 내가 한 일에 대해 제대로 알지도 못하고 평가를 내리고, 그렇다고 제대로 어필할 기회나 시스템이 있지 않다고 생각하기 때문에 결과를 쉽게 받아들이기 힘든 것이다. 그러니 자신이 못 받는 건 그렇다 치지만 다른 사람은 어째서 그런 평가를 받는지도 납득할 수 없고 불신감은 더 자라게 된다.

물론 합리적인 평가를 위해 연 초에 평가자에게 연간 업무 목표와 계획을 의논하고 확정을 하는 과정을 거치지만, 현실에서는 계획했던 업무만을 수행하는 일은 거의 없다. 이를 보완하고자 매월 상시평가제도를 운영한다 한들 계획에 없었던 일을 하기 전에 목표와 계획을 등록하고 이에 따른 실적결과를 다시 등록해서 평가를 요청하고 받는 것은 빈대 잡으려다 초가삼간 태운다는 속담과도 같다. 실제로 이런 방식을 도입해보기도 했지만 얼마 가지 못하고 직원들의 VOC에 항복하며, 평가 빈도를 월별에서 분기나 반기별로 변경하고 마는 경우도 있었다.

또한 평가에 반영되기 힘든 부분은 평가권자가 아닌 다른 사람이나 부서에 의해 발생한 업무에 대한 것이다. 평가권자 팀장이 아닌 고참이나 동료의 업무를 도와주지 않고 내 할 일만 할 수는 없는데, 이에 대한 반영은 고사하고 오히려 손해를 보는 경우가 적지 않다. 팀 공통 업무나 팀 동료의 휴가나 출장 등의 공백으로 인한 업무, 옆 부서의 지원요청, 사내 행사 지원을 위한 단기파견, 업무와 관련한 대외 활동 등에 대해 꼬박꼬박 협조도 잘해주고 그래서 평판도 좋지만 정작 평가에는 별 도움이 되지 않으니, 내 할 일만 챙기는 이기적인 사람이 오히려 더 높은 평가를 받는 경우가 분명히 존재한다.

스마트 시스템으로 상시 인사평가제도를 마련하다

이렇듯 말도 많고 탈도 많을 수밖에 없는 인사평가에 스마트 시스템을 활용하면 보다 개선된 결과를 얻을 수 있다. 일을 지시하거나 지시받은 업무에 대해 등록을 하는 과정에서 도움을 청하거나 참여가 필요한 사람을 지정할 수 있다. 생소한 업무나 협조를 구할 사람에 대한 정보가 없을 경우를 위해 등록한 업무에 대해 자동으로 자료나 전문가를 추천해주기도 한다.

이렇게 요청을 받은 사람은 스스로 판단해서 협업에 참여할지 말지를 결정한다. 그리고 업무가 종료되면 프로젝트 오너는 물론 함께 참여했던 동료들로부터도 평가를 받게 된다.

연간 업무계획에는 없었지만 본인이 시간을 투자했던 업무에 대한 정보가 고스란히 남게 되는 것이다. 어떤 부서에서 혹은 같은 팀 내에서 누가 어떤 업무를 요청했었는지, 얼마나 일을 도왔는지, 과연 그 일에 대한 결과는 어땠고 담당한 일은 어떻게 평가를 받았는지에 대한 정보를 통해 평가권자는 평가에 반영할 수도 있고, 아예 이러한 평가를 누적해서 반영하면 그야말로 상시 평가제도로 자리매김할 수 있다.

내가 일하는 부서는 6명의 팀원이 지역별로 흩어져서 변화관리 교육업무를 수행하고 있어서 2달이 넘도록 한 사무실에서 얼굴을 맞대고 회의를 하지 못한 경우도 있다. 강의가 끝나면 메일을 써서 교육결과 리포트를 보내는데 많을 때는 6명이 모두 1~2회 강의를 하므로 일주일이면 30개 이상의 이메일을 받아야 하고 이를 정리해서 주간업무 일지를 쓰게 된다.

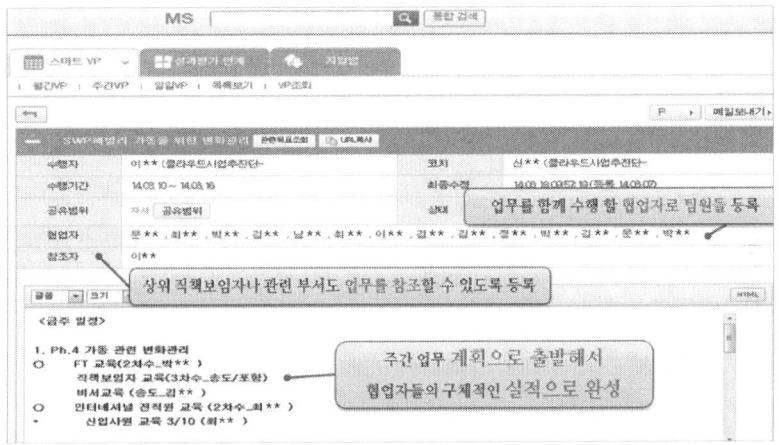

하지만 스마트워크 시스템을 도입함으로써 이메일을 일일이 열어보는 대신 댓글로 달린 교육 결과 리포트를 쭉 읽어보면서 본문을 작성하면 별도의 작업 없이 주간업무일지가 작성된다. 뿐만 아니라 다른 부서 관련자들도 협업자로 지정할 수 있어서 교육에서 발생한 시스템 문제, 고객 대응조치가 필요한 사항 등에 대해 즉각적인 답변을 주고받을 수 있다. 그룹장이나 상무님도 댓글로 격려를 하거나 업무 지시를 내리기도 한다.

팀원들과 한 사무실에서 일하지 않으면서도 누가 업무를 잘 수행하고 동료나 고객들과 잘 소통하고 신속하게 업무처리를 하는지 파악할 수 있을 뿐만 아니라, 팀원들 간에도 서로의 활동을 함께 보면서 협력은 물론 선의의 경쟁도 자연스레 이루어졌다. 매주 이루어지는 평가 점수가 누적된 결과를 토대로 근무 평가를 내리는 것에 불만이 없었다. 평가를 잘 받는 직원에 대해서도 어느 정도 수준으로 일한 결과인지 명확히 알 수 있기 때문이다.

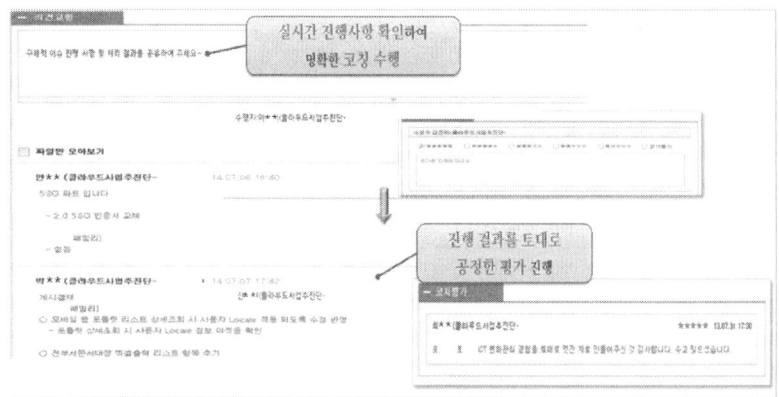

스마트 시스템으로 평가한 결과를 연봉·승진 평가에 직접 반영을 하지 않더라도, 참고자료로서의 활용가치나 신뢰도는 매우 높았다. 비슷한 평가를 받은 사람일지라도 한 사람은 동료로부터 협업을 많이 요청 받은 사람이라면 업무의 범위가 넓다는 말이고, 협업 받은 것에 대해 대부분 수락하고 잘 도와준 사람과 거의 모두 거절하며 자기

업무만 매진했다면 비슷한 평가를 받았더라도 같은 레벨로 볼 수가 없다. 이런 데이터는 직책 보임자 선정이나 보직을 변경할 때 매우 유용한 자료로 활용되고 있다.

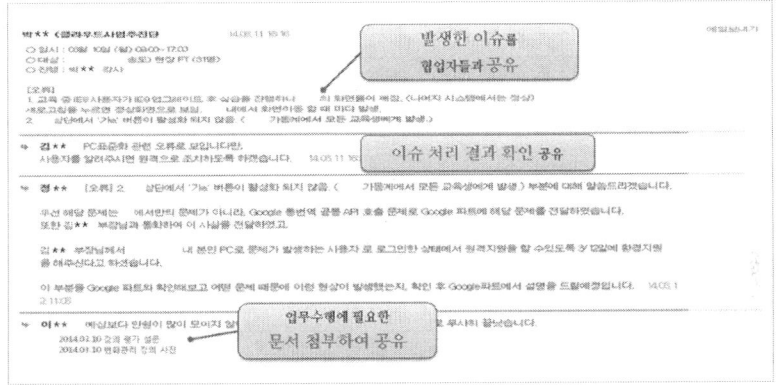

04

비서 없이
임원 보고일정을 잡는다

직위가 높아질수록 비서와의 관계가 중요해진다. 우스갯말로 해외
출장 다녀올 때 아내의 선물은 안 챙겨도, 비서의 선물은 꼭 챙겨야 한
다는 말을 하지 않는가. 비서가 있는 임원에게 보고할 일이 많아져서
적기에 임원 보고를 하는 것이 매우 중요하지만 임원들의 스케줄을
잘 알 수도 없고 어떤 우선순위로 보고 일정이 잡히는지를 알 수도 없
으니 비서와의 좋은 관계가 업무에도 크게 도움이 된다는 얘기다. 비
서에게 통보 받은 일정대로 가서 대기했지만, 예약도 안 했던 누군가
가 불쑥 임원실로 들어가 있는 바람에 한참을 기다리다가 끝내 만나
지 못하거나 얼굴만 보고 다른 날로 다시 일정을 잡는 경우가 비일비
재하다.

임원 포함 전 직원의 일정 공개, 반발에서 만족으로

P사는 25개 계열사를 포함해서 스마트시스템 도입과 함께 임원을 포함한 전 직원이 일정을 등록하고 공개하는 것을 시행했다. 또한 공개된 일정을 참조해서 상대방의 일정표에 회의, 보고, 식사 등의 일정을 온라인으로 요청할 수 있도록 했다. 다른 직원이 내게 전화나 메일로 먼저 묻지도 않고 내 일정표에 들어와서 요청하는 일정을 삽입할 수 있는 방식이었다. 물론 내가 원치 않으면 거절할 수도 있지만 그에 앞서 직원들은 본인의 일정이 누구에게나 오픈되는 것에 대해 큰 도전에 직면한 듯 반응했다.

우선 임원 비서들과 감사실 등에서 '이건 절대로 있을 수 없는 무리수'라고 반발했다. 외부로 알려져서는 안 되는 대외 일정이 있는 임원들도 있고, 감사실의 경우 아직 조사 중인 상태임에도 불구하고 어떤 부서를 조사하거나 특정인과 면담을 하고 있다는 것이 절대로 노출될 수 없다는 논리였다. 이런 사항은 이미 감안하고 전체 일정이나 특정 일정에 대해서 비공개로 처리할 수도 있게 설계했다. 하지만 그 정도만으로도 직원들은 어느 시간이 빈 시간인지 미리 알고 그에 맞춰 일정을 잡기에 충분했다.

모든 직원이 일정을 등록하고 서로 공개하는 것에 대해 직원들의 속마음은 감시당하는 듯한 불안한 마음도 감추지 않았다. 업무를 공개하는 게 문제가 아니라 등록할 내용도 문제였다.

따지고 보면 회사에서 일하는 8시간은 회사가 직원에게 급여를 지불하고 맞바꾼 회사의 시간이니 어떤 일을 하는지 알 권리가 있으므로 공개하라면 할 말은 없다. 하지만 하루 8시간 내내 계획에 의해 일하는 건 아닌데, 사실대로 등록하기도 그렇고 해서 실제와는 다른 내용이라도 일단 채워 넣으려는 강박관념이 있다는 것도 감안해야 했다. 그래서 하루 8시간 중 절반 정도만 일정을 등록하도록 권장했다. 계획을 세울 때부터 하루 4시간 정도만 일정을 잡아야, 빈 시간에 보고도 받고 회의에 초대도 하고 돌발업무도 대응할 수 있도록 하자는 취지였다.

일정표를 공개하는 것으로 인해 생각지 못한 변화가 발생하기 시작했다. 비서에게 전화를 해서 임원 일정을 잡던 것을 직원들이 직접 임원 일정표에 보고 일정을 등록하기 시작하니 비서는 더 이상 온갖 청탁 전화에서 해방되었고, 예외적인 사안이 발생하면 직원에게 전화해서 양해를 구하면 되는 것이어서 본연의 업무에 집중할 수 있는 시간이 늘었다. 직원은 비서에게 전화를 하다가 반대로 비서에게 양해를 부탁하는 전화를 받게 되니 상황이 180도 바뀌고 만 셈이다.

또한 스마트 일정관리 시스템에는 회의 시간을 잡을 때도 여러 참석자들의 빈 시간을 감안해서 가장 효율적인 시간대를 자동으로 추천해주는 기능도 있다. 일방적으로 일정을 잡는 것이 아니라 가장 많은 사람이 공통으로 비어 있는 시간으로 선정된 것이니 별 불만이 없었다. 요청 받은 회의 참석에 대해 단순히 거절할 수도, 일단 보류를 시켜놓을 수도 있고, 거부 사유를 구체적으로 알릴 수도 있어서, 일일이 전화나 메일을 통해 확인하는 시간을 절감하는데 도움이 되었다. 메일을 보내더라도 메일이 쌓여서 다른 메일 속에 묻히거나 메일을 확인하자마자 일정에 등록해 놓지 않으면 기억하기 힘들지만, 일단 내 일정표에 상대방이 요청한 스케줄이 잡혀 보이게 되므로 리마인드 메일을 수차례 보내지 않아도 되는 점 등은 특히 내부 고객을 위해 일하는 관리부서 직원들에게 매우 고무적인 변화였다.

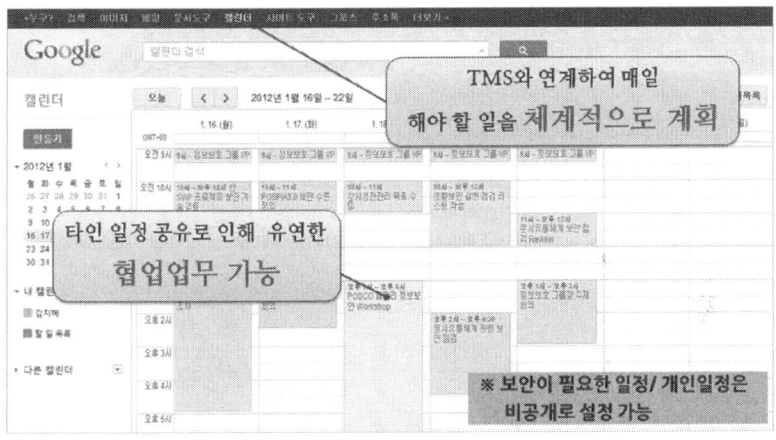

직원들의 일정이 공개되면서 생긴 가장 큰 변화는 직원들의 시간 개념이었다. 자신의 시간만 중요한 것이 아니라 다른 사람의 시간도 귀하다는 것을 몸소 느끼기 시작했다고 고백했다. 왜들 이렇게 회의에 모이지 않았냐고 회의가 다 소집된 후에서야 질책을 받게 될 때는 윗사람이나 회의에 오지 않은 직원들을 원망했지만, 이제는 많은 사람들이 가장 편안한 효율적인 시간으로 일정을 잡지 않은 회의 주관자의 책임이 더 크다고 느꼈다.

또한 직원들은 본인의 업무 시간 중에도 상사나 동료들에게 간섭받지 않고 일하고자 하는 시간을 미리 등록함으로써 업무에 집중할 수 있는 시간을 확보하는 방식이 정착되고 있다. 직원들이 업무에 몰입하는 것은 생산성 향상으로 직결되는 것이어서 회사 또한 큰 효과를 얻고 있다.

05

직원 간의 친밀도 공개,
업무 협력을 강화한다

"최 대리, 다른 계열사에서 빅데이터 분석 도입을 어떻게 진행하고 있는지 조사 좀 해줘. 담당자를 좀 알아내서 한 번 방문도 해봐."

상사의 지시를 받은 최 대리는 참 난감했다. 각 계열사마다 일일이 전화를 해서 방문 일정을 잡으려면, 먼저 어느 누가 담당자인지 알아야 하는데 알지 못했기 때문이다.

최 대리는 회사 조직도를 보고 나름 추측하여 그 부서 팀장에게 메일을 보냈는데 답장을 받지 못했다. 같은 회사라 해도 한 번도 만난 적이 없는 사람에게 불쑥 전화를 하기 어려웠지만, 용기를 내어 전화해 보았다. 그러나 신통한 대답을 얻을 수 없었다. 회사 내 사정에 정통한 직원이라도 알고 있으면 도움을 받겠지만, 경력사원으로 입사한 최 대리로서는 방법이 없다.

평소 그리 친하지 않은 박 과장에게 아쉬운 부탁을 하는 수밖에 없다. 맨 입으로는 안 될 것 같았다.

"박 과장님, 오늘 저녁 저랑 소주 한 잔 하지 않으실래요?"

그렇게 해서 박 과장 입사동기를 동원해서 몇몇 회사 담당자를 알아냈고, 박 과장 동기가 담당자에게 전화를 걸어서 협조를 요청한 덕분에 최 대리는 상사의 지시사항을 해결할 수 있었다. 아…… 아무래도 박 과장에게 술을 한 번 더 사야 할지도 모른다.

인맥 아닌 시스템으로 협력체계 구축하다

스마트 시스템이 도입된 후 최 대리는 적어도 이런 일로는 술 살 일이 전혀 없다. 모든 회사업무 시스템 화면의 맨 위에는 검색창이 있다. 마치, 네이버나 다음처럼 말이다.

궁금한 사안에 대해 검색어를 넣고 엔터키를 누르면 그만이다. 화면 한편에는 수십 개 계열사에서 작성된 보고서, 품의서는 물론이고 직원 개인 블로그까지 검색해서 관련 자료가 활용도 높은 순서로 자동 추천된다. 뿐만 아니라, 검색어와 관련된 사내 전문가를 전문가 등급에 따라 추천해준다. 사내 데이터로 만족할 만한 정보가 없다면 바로 구글이나 네이버 검색이 가능하도록 만들어져 있다.

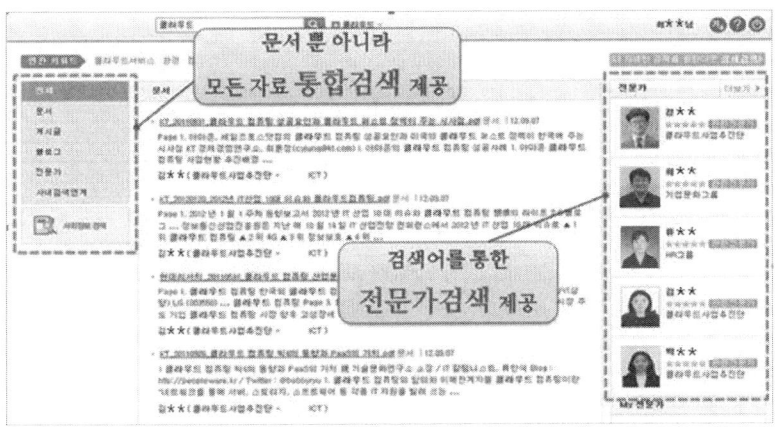

검색어에 따라 나타난 여러 명의 추천 전문가 중 해당 부서를 감안해서 한 명을 선택한다. 그러면 그 사람의 메일주소, 전화번호는 물론 직접 채팅이나 영상회의를 할 수 있는 창이 뜬다. 뿐만 아니라 그 사람의 스케줄도 시간단위로 다 볼 수 있다. 그러니 일면식도 없는 사람에게 전화한다고 하여, "혹시 지금 전화 통화 가능하실까요?"라고 물을 일도 없게 되었다.

그런데 이렇게 찾아낸 담당자가 알고 보니 적임자가 아닐 수도 있고, 외출 중이거나 장기 출장 중일 수도 있다. 그럴 땐 다른 유사한 사람은 없나 찾아보면 된다. 관련 인물 검색을 누르면 마치 연예인 인맥도가 보이듯 주변 인물이 고스란히 나타난다. 각 사람마다 어떤 직무로 연관이 되어 있는지, 얼마만큼의 친밀도가 있는지 수치로도 안내해준다.

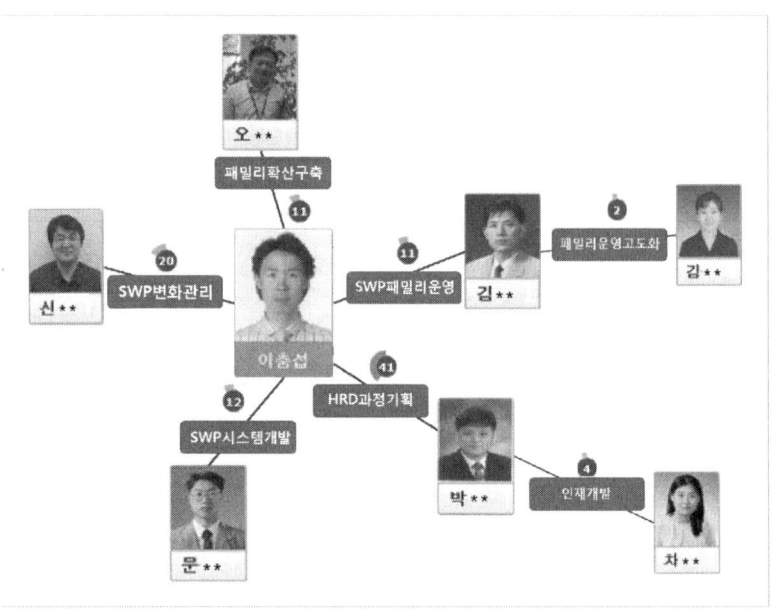

여기서 잠깐! 위와 같은 개인 간의 친밀도는 과연 어떤 근거로 어떻게 만들어지는 것일까? 맨 처음 이러한 시스템이 소개되었을 때 대다수의 직원들이 부담스럽고도 궁금해했던 부분이다. 친밀도는 그 사람이 만든 보고서를 클라우드 공용문서함에서 많이 검색하거나 다운로드를 받은 횟수, 사내 메일을 주고받은 횟수, 개인 블로그를 방문해서 '좋아요'를 누른 데이터를 종합해서 매겨진 점수인 것이다. 누가 누구랑 점심이나 커피를 많이 하는지 등 사적인 교류를 가지고 작성된 것은 아니니 안심해도 된다.

이런 시스템 도입을 통해 많은 것이 바뀌고 있다. 인맥으로 똘똘 뭉

쳐 보이지 않는 장막을 형성했던 회사 문화가 개선될 돌파구가 마련된 셈이다. 한 회사 내에서뿐만 아니라 다른 회사와 협업을 하는 데도 개인 인맥을 동원해서 전화나 메일을 수차례 오고 간 후에야 겨우 연결이 되는 노력은 낭비일 뿐이다. 소통이 원활해지면 업무의 속도가 높아지고 비용은 감소된다.

시스템이 도입된 후 재미있는 현상도 일어났다. 같은 부서에서 일하는 김 과장은 전문가 레벨을 나타내는 별이 4개인 반면, 10년 가까이 고참인 이 차장은 별이 2개밖에 안 되는 것이다!

이유는 박 과장이 보고서를 이 차장보다 많이 만들어서만이 아니었다. 박 과장의 보고서는 다른 사람들이 많이 활용하는 수준 높은 자료이고, 그가 틈틈이 꾸민 블로그에 방문객이 훨씬 더 많았고, 사내 여러 직원들과 메일을 주고받는 그야말로 쓸모 있는 인재라는 걸 스마트 시스템의 빅데이터 분석을 통해 명확히 드러난 결과였기 때문이다.

06

여러 사람이 동시에 쓰는
혁신적인 회의록

회의록은 누가 쓰는가? 팀의 막내가 쓴다. 회의 중에 오가는 이야기를 속기사처럼 빠짐없이 적었다가 회의가 끝나면 요약하고 정리해서 회의록이 완성된다. 적는 속도가 느리면 아예 녹음을 했다가 회의가 끝나면 완성한다. 물론 간략히 요약하기만 해도 되는 회의도 있지만, 여하튼 간에 담당자 입장에서 회의록 작성은 회의가 끝나고 다시 시작되는 일거리다.

하지만 클라우드 시스템을 활용하면 회의가 끝나면 바로 완성될 수 있다. 공동 문서작성이 가능하므로 회의를 하면서 각자가 한 말을 스스로 적으면 그만이다. '카톡' 단체 대화방처럼 회의록에 여러 사람이 동시에 작업을 할 수 있기 때문이다. 뿐만 아니라 내가 적은 글이 아니라도 다른 사람이 수정할 수 있어서 그야말로 동시 작업이 가능하다.

놀라운 건 최종적인 회의록만 남는 것이 아니라 회의록이 작성되는 과정의 모든 내용이 시간의 흐름에 따라 새로운 내용이 추가될 때마다 자동으로 저장이 되므로, 회의가 어떻게 진행이 되었는지도 파악할 수 있다는 점이다. 두 시간 동안 진행된 회의에 대한 회의록을 정리하려면 회의 시간보다 훨씬 더 많은 시간이 소요되던 것을 이제는 회의가 끝남과 동시에 회의록이 나온다. 아무리 속기를 잘하는 직원이 적었다 할지라도 자기가 한 말을 자기가 적은 회의록이 훨씬 더 명확할 수밖에 없다. 내가 했던 발언이 거의 채택되지 못했더라도 모든 내용이 저장되어 있으므로 나중에라도 기록을 살펴볼 수 있다.

카톡 대화방으로 모임 일정이나 장소에 관해 논의를 했을 때 그 대화방에 참석하지 못한 사람일지라도 오갔던 대화들을 살펴보기만 하면 결과는 물론 의사결정 과정 전반을 충분히 이해할 수 있는 것과 마찬가지다.

이런 공동문서 작성 기능은 영상회의를 하면서도 가능하다. 예전에는 보고서나 자료를 같이 보면서 영상회의를 했지만, 클라우드 시스템을 활용하면 보고서를 원격지에서 동시에 수정해가면서 영상으로 업무협의가 가능하다. 기존에 막대한 비용을 들여서 영상회의 시스템을 설치했던 것을 이제는 PC에 웹 카메라만 있고 인터넷만 연결되어 있으면 영상회의가 가능해졌다. 음성으로 여러 명이 회의하는 것이 여의치 않다면 자료 영상을 띄워놓고 채팅을 하면서 회의를 진행하면 된다.

이러한 시스템을 활용해서 구글, 포스코 등에서는 해외 사무소와의 영상회의가 일상화된 지 오래다. 직원 채용면담도 본사와 한국 간의 영상회의를 통해서 이루어진다. 주간정례회의도 지역이동 없이 영상회의로 진행하고 있다.

잦고 긴 회의를 개선하다

기업의 회의 문화 개선에 대한 문제제기와 노력은 끊임없이 반복되어 왔다. 현대 경영학의 아버지라 불리는 피터 드러커는 "끊임없이 회의만 하는 조직은 일을 제대로 하고 있는 사람이 한 명도 없는 조직"이라고 강조했으며, 신한은행은 "장시간 잦은 회의"를 부도 우려기업 식별 요인 중 하나로 선정하였다.

반면 우리나라 직장인들은 회의 문화에 그야말로 회의를 느끼고 있으며, 그 불만 요인 중 가장 높은 것이 회의의 진행·구성 방식이 비효율적이라는 것(39퍼센트)이었으며, 회의가 너무 잦고 너무 긴데다가 마라톤 회의에도 불구하고 결론 없이 흐지부지 끝나는 경우가 많기 때문에 개선의 필요성을 절실히 느끼고 있다.

건설적인 회의문화를 만들기 위해 많은 시도도 해오고 있긴 하다.

회의를 사전에 공지하고 어떤 회의를 할지 구체적인 내용을 미리 알리거나 회의자료를 사전에 배포하기도 한다. 회의 시간을 미리 정하고 아예 회의비용(회의에 참석하는 직책별 인건비, 장소 대여료, 집기 사용료, 식비 등)을 산정해서 회의 시작 전에 참석자들에게 공지하기도 한다. 또한 환기, 조명, 소음까지 고려해서 집중력을 높일 수 있는 최적의 장소를 선정하고 참석자들의 경직된 마음을 풀기 위해 'Fun 요소'를 곁들이거나 전문 '퍼실리테이터'를 투입하기도 한다.

하지만 이러한 노력에도 불구하고 그리 큰 개선은 찾아보기 힘들다. 좋은 환경에서 전문 진행자가 웃긴 이야기나 동영상을 보여주고 화기애애하게 시작은 했지만, 본격적인 회의에서는 의사결정권자나 여느 회의에서도 늘 토론을 주도하던 몇몇이 목소리를 높이다가 끝나고 말기 때문이다.

이는 유교적인 한국문화의 영향에서 기인하는 것도 크다. 같이 근무하는 직원이지만 얼굴을 맞대고 반대의견을 계속 말하는 것은 아무래도 불편하고, 게다가 상사의 의견에 다른 의견을 낸다는 자체가 불경스러운 느낌마저 들기 때문이다.

하지만 선진기업에서는 회의록을 통해 회의 내용을 전달하는 것에 그치지 않고, 회의에 관한 부분이 평가된다. 회의록을 통해 누가 얼마나 적극적인 의견을 냈는지는 물론이고, 얼마나 적절한 인원이 참가했고 정시에 시작했으며 안건에서 벗어나지 않는 회의로 진행이 되었고 회의를 마친 후에 회의내용을 신속히 전달해서 실행에 도움이 되었는지 등 회의에 관한 모든 과정이 그 사람의 역량이라는 것이다. 회의를 제대로 이끌지 못하는 리더로 인해 얼마나 많은 직원들이 고통을 받고 회의감이 드는지를 감안하면 당연한 얘기다.

회의 시간에 이루어지는 것은 그저 회의를 통한 문제 해결이나 목적의 일부분에 불과하며 생산적인 회의로 탈바꿈하기 위해선 회의에서 발생하는 일련의 기록을 남기고 관리함으로써 실질적인 변화를 도모할 수 있다.

삼성은 논의Word된 회의 결과가 전파Window되고, 실행Work될 수 있도록 강조하고, 회의 결과 즉 회의록이 공유될 수 있도록 노력하고 있다. 회의록의 주된 목적은 실행할 사항(누가, 무엇을, 언제)을 명시하는 것이고, 회의에 참가하지 못한 관계자에게도 상황이나 결과가 누락 없이 공유되는 것으로 정의했다. 아모레퍼시픽은 회의 소집, 진행, 완료, 결과 공유, 평가 등 회의에 대한 전 프로세스를 하나의 온라인 프로그램에서 관리하고 있다.

이렇듯 회의록을 잘 작성하고 관리하는 것이야말로 회의 결과의 실행력을 높이는 시발점이자 해결책이라고 생각한다. 클라우드 시스템을 활용하여 기록 관리에 관한 중요성을 각인하고 나아가서는 토론 중심의 실질적인 회의 문화가 정착되기를 바란다.

07

언제 어디서나 보고할 수 있다,
클라우드 공용문서함

이 과장은 일요일 오후만 되면 불안해지기 시작한다. 혹시 휴대폰이 울리진 않을까 조바심이 나기 때문이다. 거의 매주 일요일 오후에 출근하여 월요일 업무를 미리 챙기는 팀장님 때문이다. 전화를 한 이유는 매번 그렇듯 자료를 못 찾아서이고, 이 과장은 아예 자신의 PC 비밀번호를 알려드리고 자료가 있는 파일 폴더와 파일명을 안내해드린다. 하지만 파일을 못 찾고 계속 헤매다가 급기야는 짜증 섞인 팀장님의 반응에 결국 이렇게 말씀드린다.

"제가 지금 사무실로 나갈게요."

또한 팀 내 직원이 갑자기 회사를 그만두겠다는 선언에 업무 인수를 받아야 하는데 도대체 얼마나 많은 자료를 갖고 있고 그 중 얼마를 전달한 건지 알 수가 없다. 개인 PC를 인수받아봤자 예전부터 퇴직을 염두에 두고 주요 파일을 다른 곳에 다운받고 지워버렸다면 제대로 된 자료가 남아 있을 리 없다.

불과 몇 년 전까지만 해도 흔히 겪었던 이야기지만, 이제는 많은 기업들이 문서중앙자산화를 통해 회사 내 문서를 한 곳에 모아 관리하기 시작했다. 직원들이 만든 보고서나 자료들을 중앙서버에 저장하는 방식을 통해 개인 지식을 회사의 지식으로 자산화한다는 명분하에 정보보안을 강화하는 효과가 있기 때문이다. 개인 PC에는 아예 저장을 하지 못하게 설정이 되어 있어 어쩔 수 없이 중앙 서버에 등록을 해야 하고 그런 파일만 메일 첨부가 가능한 방식이다. 그리고 USB 등을 통해 PC에 있는 파일을 다운받는 기능도 일률적으로 막아놓았다.

이러한 울며 겨자 먹기 식의 문서중앙화 정책에 대해 직원들은 내심 불만과 불편함을 토로하고 있다. 문서를 저장할 때마다 대체 어느 폴더에 넣어야 할지 헷갈릴 뿐만 아니라 귀찮기 때문이다. 다른 사람도 이런 식이어서 다른 사람이 만든 문서를 찾는 게 거의 '보물찾기' 수준이고 심지어는 내가 만든 문서도 어느 폴더에 있는지 찾는데 시간이 걸린다.

그러니 문서중앙화를 도입할 때 홍보했던 지식 공유는 허울뿐이고 그저 회사에서 정보보안을 강화하는 차원이었다고 받아들인다. 한술 더 떠 개인의 고유한 역량마저도 회사가 다 소유함으로써 언제고 직원을 대체할 준비를 마련하는 건 아니냐고 내심 불안해하는 사람도 있다.

스마트워크 시스템으로 문서중앙화 정책의 취지를 되살리다

이러한 문서중앙화 시스템은 클라우드 시스템과 스마트워크 사상으로 진화함으로써 보다 편리하고 세련된 기능 구현은 물론 중앙자산화 본래의 취지와 목적을 제대로 실현할 수 있다.

스마트한 문서중앙화 시스템이란 방대한 문서를 저장하는 공간에 그치지 않고 일하는 방식과 문화를 입힌 콘텐츠 포탈을 의미한다. 이를 위해 문서 저장하는 기능보다는 문서 활용 기능이 강화되어야만 활용을 높일 수 있다. 즉 문서저장 시에는 절차를 간소화하고, 분류체계를 단순화하여 저장을 용이하게 하며, 검색을 할 때는 복잡한 디렉토리를 타고 들어가는 방식 아니라, 키워드 검색만으로 쉽게 자료를 찾을 수 있어야 한다.

이렇게 되면 정확도를 높이는 것은 물론이거니와, 아예 내가 찾고자 하는 자료를 미리 예측해서 찾아주는 기능까지 제공하는 것이 가능하다.

내가 만든 콘텐츠는 물론이거니와 내가 최근에 열어본 다른 사람의 문서, 다른 사람이 만든 문서 중에서도 내가 편집권이 있어서 공동작업 중인 문서, 우리 부서나 회사에서 가장 최근에 제작된 문서 등을 자유자재로 원하는 대로 분류해서 검색하는 기능을 제공한다.

또한 자주 열람하는 문서는 화면에 고정해 놓고 매번 찾지 않아도 되게 배치하기도 하고, 자주 참조하는 특정인을 지정해서 화면에 고정 설정해 놓을 수도 있다. 뿐만 아니라 내가 가장 많이 열람해 본 문서, 팀에서 회사에서 직원들이 가장 많이 열람한 가치 있는 콘텐츠를 추천하는 기능도 있다.

스마트한 기능의 하이라이트는 내가 작성하고 열람한 문서중앙화 시스템 내의 자료뿐만 아니라, 내가 사용한 이메일이나 사내 블로그 등 종합 분석해서 내가 활용하면 도움이 될 만한 콘텐츠가 자동으로 추천되는 기능도 구현이 가능하고, 실제로 기업에서 활용되고 있는 실정이다.

이러한 문서중앙화를 통해 일하는 방식은 적지 않은 변화를 가져왔다. 파일을 못 찾겠다는 팀장님에 전화가 오면, '이미 그 문서는 공동편집권한을 드렸으니 제 중앙문서함에 들어가시기만 하면 그 문서를 보실 수 있습니다'라고 답하면 그만이다. 경영층에 보고할 때도 이젠 종이문서를 들고 가면 그야말로 미개인 취급을 당한다. 노트북을 들고 갈 필요조차 없다. 임원실에서 문서중앙화 시스템에만 접속해 보고용 화면에 자료를 띄워놓고 보고하면 되고 수정사항은 그 자리에서 고치고 저장할 수 있다.

출장을 갈 때 무거운 노트북을 가져가지 않는 것은 물론, 조그만 USB 저장장치조차 가져갈 필요가 없어졌다. USB만 가져가면 이동하는 동안 수정사항이 발생했을 때 어찌할 방법이 없지만, 이제는 사무실에 있는 다른 사람이 내가 이동하는 동안에도 꼼꼼히 점검을 한 최종 자료를 문서함에서 불러오면 된다.

기존 사원들은 이전까지 안 해도 되던 문서등록이 귀찮고 번거롭다고 했지만, 신입사원이나 경력사원의 경우 그저 기존 문서함을 차근차근 살펴보는 것만으로 여러 선배들에게 각각의 스타일대로 전수받는 것과 비교할 수 없을 만큼 체계적이고 적은 시간에 정보를 얻을 수 있다.

실제로 외국에서 태어나고 교육받은 신입사원에게 전혀 기대를 하지 않고 그저 훈련 삼아 기획서를 만들어보라고 했었는데, 신입사원이 만든 것이라곤 믿을 수 없을 만큼 실제적인 보고서를 작성한 것에 대해 누구에게 도움을 받았냐고 물어보니, 그저 중앙문서함의 유사 자료를 참조해서 만든 것이었다는 사실에 다시 한 번 놀랐다고 한다. 1년에 한두 번 하는 행사 등에 대해 담당자도 바뀌어서 어느 누구 물어볼 사람도 없는 사안도 기록이 공유된다면 아무 문제가 없다.

이렇듯 얼굴을 마주하고 일하는 동료여야만 자료 공유가 가능하던 방식에서 관계를 초월해서 업무에 관한 자료를 폭넓게 검색하고 공유할 수 있는 방식이야말로 폐쇄적인 끼리끼리 문화를 무력화시킬 수 있다.

스마트워크 개념의 문서중앙화 시스템 도입은 인터넷만 연결되는 곳이라면 회사 PC에 저장되어 있는 본인의 문서뿐만 아니라, 다른 직원이 작성한 문서를 볼 수 있고 수정 작업이 가능한 시스템이 지원되면서 진정한 의미의 재택근무, 원격근무를 완성할 수 있게 된다.

08

클라우드 소싱,
아이디어가 샘솟는다!

    기존에도 아이디어 제안제도는 있었다. 직원들이 제안을 하면 회사 내외의 전문가들이 심사를 해서 선정하고 약속했던 포상을 시행하는 방식이 대부분이다. 하지만 스마트워크 시대의 제안제도는 심사위원이 필요 없다. 누군가 아이디어를 제안하면 심사위원에 앞서 직원들이 검증하고 아이디어를 더해 완성해가는 방식이기 때문이다.

    아이디어를 올리면 제목과 본문 내용에 따라 해당하는 사내 전문가가 자동으로 추천되어 혹시 조언이나 도움이 필요하면 협업을 요청할 수 있게 한다. 또한 관련 보고서, 동영상, 블로그, 게시글 등 수십 개 계열사, 수만 명이 작성해놓은 정보를 검색해서 참조 문서로 추천을 해준다.

    이런 방식으로 도움을 받거나 참조해서 올린 아이디어 제안에 대해서, 직원들은 댓글을 통해 찬반의견을 다양하게 올리는 것은 물론이 거니와, 아예 맨 처음 제안자가 작성해 놓은 본문을 직접 수정해도 되는 방식이다. 클라우드의 장점을 살려 수정된 부분을 모두 버전별로 저장하여 관리하기 때문에 아이디어가 어떻게 변모해갔는지 그 이력을 상세히 알 수 있다.

또한 포상도 사전에 전해 놓은 금액과 인원에 맞추어 선정하는 것이 아니라, 구체적인 사업으로 발전하면 수익금의 일정부분을 제안자에게 제공하는 방식이어서 한계를 미리 정해 놓지 않는다. 아이디어의 최초 제안자가 아니더라도 다른 사람의 아이디어에 대해 적극적으로 의견을 내며 도운 직원들을 격려하기 위해 활동내역에 따른 포인트에 따라 보상을 하는 일도 필요하다.

직원들의 아이디어, 문제점 개선 및 매출 확대로

이런 제안제도를 통해 이루어진 사례를 몇 가지만 살펴보자면 P사의 경우 보안정책이 철통같이 시행되고 있어서 이를 잘 이해하지 못하는 고객들에게 불만의 소리를 듣는 경우를 개선하자는 의견이 나왔다. 사무실을 방문할 때 노트북을 가지고 들어오려면 여러 절차를 거치고 신고서를 작성하고 확인절차를 거치는 것을 개선할 방법이 없겠냐고 누군가 의견을 올렸던 것이다. 이에 대해 직원들은 기다리기라도 했다는 듯 적극적인 의견을 쏟아냈다.

20명이 넘는 직원이 제안에 제안을 더해 결국 RFID 시스템을 적용해서 절차를 대폭 축소하게 되었다. 전문가의 진단이나 고객과의 마찰로 인한 대외적인 사건을 거치지 않고도 직원들 스스로 문제를 제기하고 그 해법까지 찾아내고야 만 것이다.

이러한 개선활동뿐만 아니라 획기적인 사업성과를 올린 사례도 있는데, 바로 I사의 LED 전구 판매 확대 방안이다. I사는 친환경 에너지 사업으로 LED 전구를 직접 생산하는데 성능에 비해 실적이 그리 좋지가 않았다. IT 회사이다 보니 유통, 영업 부분이 아무래도 기존 사업자들에 비해 부족한 것이 사실이었다. 이에 대해 아이디어 '제안방'을 개설하고 직원들에게 도움을 요청했다. 별 기대를 하진 않았지만 2천여 직원 가운데 160여 명이 제안을 했다. 그 중에 쓸 만한 의견이 있었다.

"회사에서 봉사활동을 나갈 때 전기료가 무려 80퍼센트 이상 절감되는 이 LED 전구로 독거노인 주택이나 사회봉사 시설의 낡은 백열등과 교체해주면 좋겠다." "동창이 프랜차이즈 체인점을 하는데 마침 교체하려는 시기다. 800여 개 주문하려는데 얼마나 싸게 공급할 수 있는가?" "아내가 상가번영 회장인데 24시간 사용하는 상가 전등 교체를 건의해 보겠다." "건설회사 설계부터 반영하는 것이 필요하다."

"영업 지원이 필요하다." "주유소 보너스카드 상품으로 제안을 할 수 있다." 등의 아이디어가 쏟아져 나왔다.

결국 단 2주간의 아이디어 제안의 결과로 억 원이 넘는 판매실적을 올렸고, 이는 기존의 마케팅, 영업을 담당하고 있던 직원 10명이 3년 간 아이디어를 냈던 것과 비교조차 할 수 없는 결과를 낳았다.

이러한 성과는 혁신의 길을 터주는 스마트한 제도가 존재해야 가능하고, 또한 이 제도를 뒷받침하는 스마트한 시스템이 있어야만 가능하다.

하지만 아무리 훌륭한 제도와 시스템이 구비되어 있다 한들 직원들의 적극적인 참여가 없다면 아무 소용이 없다. 오히려 활용도가 떨어지는 이런 시스템을 왜 굳이 만들었냐는 질타를 받는 상황이 돼버린다. 돼지 목에 진주 목걸이가 되는 셈이다. 시스템 사용법에 앞서 이러한 제도를 만든 취지와 얻을 수 있는 회사와 직원 개개인의 이익에 대해 충분히 설명하고 공감하도록 하는 것이 무엇보다도 중요하다.

스마트워크 시스템 도입은 최신 시스템을 구축하는 프로젝트가 아니라, 직원들의 일하는 방식과 철학을 개조시키는 혁신 프로젝트라고 하는 이유가 바로 여기에 있다. 직원들을 어떻게 변화의 길로 인도하는지는 뒤에서 설명하고자 한다.

스마트워크,
도입부터 스마트해야 한다

01

영혼 없는 스마트워크는
재앙이다

1980년대 말부터 한국에 무선전화기가 대유행을 했다. 거실이나 안방이 아닌 부엌에서 일하다가도 전화벨소리가 울리면 뛰어가지 않고 즉시 전화 통화가 가능해진 무선전화기를 너도나도 장만했다. 하지만 이런 상황을 본 외국인은 좀 의아하게 보기도 했다. 몇 층짜리 대저택에 사는 것도 아니고, 그저 몇 걸음 가면 되는 조그만 아파트에서조차 예외 없이 무선 전화기를 사용하고 있었기 때문이다.

한국사람도 외국에 나가보니 이해가 가지 않기는 마찬가지였다. 이렇게 으리으리한 집에 살면서 몇 푼 되지도 않을 무선전화기 하나 없이 전화기 선을 길게 연결해서는 궁색하게 사는 것이 의아했던 것이다. 1990년 중반이었지만, 당시 미국 뉴욕의 유명한 사립대 기숙사 전체를 통틀어 침대와 책상이 전부인 조그만 기숙사 방에서 무선전화기를 사용하는 건 한국사람이 유일했던 기억이 있다.(침대에 누워서 전화할 때 선이 있으면 얼마나 거추장스러운지 무선전화기를 안 써봐서 몰라서 그럴 것이라고 당당하던 한국학생이 떠오른다.)

그래서 한국시장은 전 세계를 통틀어 가장 매력 있고 영향력 있는 테스트베드(실험시장)다. 최신 기술이나 새로운 트렌드가 접목된 제품이나 서비스를 한국 시장에서 가장 먼저 출시해서 반응을 살펴보고 검정된 후 전 세계 시장에 내놓는 경우가 점점 늘고 있다. IT기기는 물론이고 화장품, 육아용품, 헐리우드 영화도 전 세계에서 가장 먼저 한국에서 상영을 하기도 한다. 이들은 한결같이 한국의 소비자들은 그 어떤 다른 나라보다도 변화에 민감하고 새로운 제품에 열광하며 깐깐하고 현명하게 제품에 반응한다고 찬사를 보낸다.

급한 성격과 체면 중시 문화가 IT 제품의 번영을 낳다

어쩌다가 한국 소비자가 이렇게 특별 대접을 받게 되었을까? 한국인들이 언제부터 이렇게 IT 제품에 대한 식견이 높고 새로운 것에 대해 열광했을까?

나는 이것이 '빨리빨리' 문화와 남을 의식하는 '체면' 문화의 산물이라고 생각한다. '빨리빨리' 문화는 암울했던 식민지와 한국전쟁을 겪고 난 후 불과 반세기만에 기적을 이룬 고도성장의 과정을 통해 생겨났고, 원동력이 되기도 했다.

전쟁으로 잿더미가 된 상황을 당장 극복해야만 살 수 있었고, 농업국가에서 산업국가로의 전환도 늦었으며, 일제강점기와 전쟁까지 겪었으니, 하루 빨리 산업화를 이뤄야 했고 너도나도 "잘살아보세"라는 구호 아래 앞만 보고 달려가는 사회적 분위기에 '빨리빨리' 적응하지 않으면 안 된다는 강박관념은 어쩌면 생존의 필수 조건이었다. 불행을 안겨준 과거의 방식은 하루라도 빨리 내던지고 새로운 것을 갖추는 것이 성공의 조건이라고 여겼지, 곰곰이 생각해보고 가려 담을 여유가 없었다. 빨리 따라가기도 버거운 상황이었다.

남이 하면 나도 해야 하고 최소한 하는 척이라도 해야 따돌림 당하지 않는다는 관념은 양반은 죽을 먹어도 이를 쑤신다, 양반은 얼어 죽을지언정 짚불은 안 쬔다는 유교문화의 산물이다. 아시아 대륙의 끝자락 반도라는 좁은 땅덩어리에 많은 사람들이 몰려 사는 곳에서, 유교 사상은 국가통치와 사회제도의 근간이었다. 품앗이를 바탕으로 이뤄지는 농업방식도 이웃과의 사회적 관계가 어긋나면 치명적인 낭패를 당하는 것이어서, 남들 눈에 벗어나지 않도록 남들이 좋아하는 건 나도 같이 동감하는 듯 보여야 했다. 이런 허례허식은 생존 전략이자 사회적인 압박이기도 했다.

스마트워크가 스마트한 마인드까지 보장하지는 않는다

이런 역사적, 문화적 배경으로 한국은 IT 신기술 수용에 시대적으로 부합하고 말았다. 게다가 아무리 새로운 것에 대한 갈급함이 높더라도 구매력이 없으면 소용이 없었을 것이지만, 앞만 보고 달려온 한국의 경제력은 최신 IT 신제품 구매에 아무 문제가 없었다. 2009년 아이폰 판매허가와 더불어 본격적으로 시작된 스마트폰 가입자는 불과 2년이 지난 2012년 5월, 전체 휴대전화 가입자의 50퍼센트를 돌파하는 2천 600여만 명을 기록했고, 이로부터 불과 1년 반 만인 2013년 말 전국민의 80퍼센트에 해당하는 4천만 명을 돌파하고 말았다. 스마트폰의 원조인 미국의 보급률을 추월한 것은 물론이고, 차세대 통신망인 LTE 보급에서는 시작부터 전 세계 1위를 달리고 있다.

스마트폰의 기능이 뭔지 어떻게 활용할지에 대한 고민 없이 나만 혼자 구식 전화기를 쓰는 촌놈이 되진 않을까 하는 생각에 스마트폰 사용자가 된다. 기본적인 기능을 담은 '효도폰'을 쓰시던 부모님이 "다른 친구들은 자식들이 사진보기 쉽다며 스마트폰으로 바꿔주었다던데……"라는 말씀을 하셨을 때 가만히 있으면 불효자식으로 비치진 않을까 하는 마음에 당장 바꿔드린다. 자녀들의 경우도 마찬가지다. 나만 '카톡'도 안 되는 구닥다리 폰이라 다른 애들이 무시한다는 말을 꺼내면 부모 입장에선 일고의 여지가 없기 마련이다.

이렇게 보급된 스마트폰일지라도 이를 통한 생활의 변화는 분명히 발생한다. 친구들과 잘 어울리라고 사준 스마트폰인데 집에서도 식탁에서도 스마트폰만 들여다보고 있는 모습에 부모님은 잔소리를 하고, 성적은 오히려 더 떨어졌다며 서둘러 스마트폰을 사준 것을 후회한다. 그런 부모들은 지인들에게 "아직 스마트폰을 자식들에게 사주지 않았다면, 무슨 수를 써서라도 최대한 늦게 사줘라." 하며 단단히 충고한다. 사주는 순간 대화가 단절되고 속 터지는 일이 시작된다면서.

모든 직원에게 스마트폰 환경으로 업무가 가능하도록 막대한 예산을 들였음에도 불구하고 생산성이 나아진 것은 증명할 길이 없고, 직원들은 업무시간에 '카톡'으로 연예인 가십거리나 사진을 돌리고, 오히려 퇴근 후나 휴일에도 결재 알림이나 이메일로 업무 지시가 떨어진다며 볼멘소리를 한다.

스마트 시대에 정의하는 스마트 제품이란, '마치 사람처럼 마음을 읽고 원하는 것을 제공해줄 수 있는 능력'이며 스마트워크는 스마트 기기를 사용해서 일하는 것이 아니라, '스마트한 사고방식으로 일과 삶을 균형 있게 혁신하여 창의적으로 일하는 것'을 뜻한다.

스마트한 사고방식을 가진 사람이라야 스마트한 생활을 누릴 수 있는 것이지, 새로운 장비를 사용하는 것만으로 스마트한 사용자, 스마트하게 일하는 사람이 되는 것이 결코 아니다. 그렇기 때문에 기업이나 정부 또한 스마트워크 혁명을 통해 단순히 비용절감과 생산성 향상을 이루는 것이 전부여서는 안 된다.

스마트워크의 핵심은 일하는 방식을 바꾸는 변화와 혁신 프로젝트이고, 이러한 삶의 변화를 이끌기 위해서는 IT 인프라적인 접근에 앞서 오랫동안 이어져온 한국적인 관습과 노사문화, 여가문화 등 인문학적 성찰이 이루어져야만 한다. 그러지 않고서는 자녀에게 스마트폰을 쥐어주고 후회하는 부모가 될 수밖에 없다.

02

구성원들의 저항, 피할 수 없다면
과감히 부딪쳐라!

모든 혁신제도를 도입할 때 그러하듯, 변화를 이끄는 사람들은 변화를 받아들여야 하는 이들의 부정적이거나 수동적인 저항을 피해갈 수 없다. 스마트워크 도입의 장애요인은 경영적인 측면과 피고용자의 입장에서 모두 존재한다.

경영적인 측면에서 염두에 두어야 할 점은 관리자의 부정적 태도, 미비한 기업문화, 생산성 저하 우려, 정보유출에 대한 의구심, 가시적 성과에 치중하는 경영자의 인식 등이다.

직원 입장에서는 새로운 업무 방식과 제도 도입에 대한 부담과 생산성 증대, 업무효율화란 미명하에 감수해야 할 시간 투자요인 발생과 혼란에 대해 거부감이 있다. 게다가 새로운 잣대로 일하는 모습이 평가되는 건 아닐까 하는 두려움을 본능적으로 갖게 되지만, 대놓고 드러내진 못하고 여러 이유를 들어 시스템 도입에 부정적인 의견을 낸다.

대규모 변혁의 시기에는 소문을 통해 전달되는 정보량도 증가한다. 입에서 입으로 전해지는 정보지만, 속도는 LTE보다도 빠르다. 구두 정보망은 어느 조직에서나 존재하는 만큼 그것을 적절히 활용하여야 한다. 프로젝트는 소문에 의해 영향 받을 수도 있고 역으로 소문을 이용할 수도 있다. 사내의 '카더라 통신'은 상하가 아니라 수평 간으로 흐른다. 리더 계층은 직책 보임자들이 모이는 운영회의나 교육을 통해 정보교류가 이루어지고, 미혼 사원들은 그들만의 모임에서 자신의 존재를 부각시키며 정보를 공유한다.

따라서 계층별, 지역별 채널을 확보하는 것이 유용하다. 이를 통해 직원들이 인지하는 상황을 파악하고 잘못된 점에 대해 진실을 알리거나 반박한다. 이를테면 프로젝트에 소요되는 비용이 300억이나 되며 이를 추진하는 컨설턴트의 연봉이 '수억'이 된다는 소문이 나돌았을 때 직원 공청회나 교육에서 당사자가 직접 나서 본인의 연봉은 1억이 되지 않고, 프로젝트 비용 또한 스마트워크로 인한 업무효율화의 효과에 관한 추정 비용이며, 순수 개발비용은 20억이 넘지 않을 것이라고 솔직히 공개함으로써 직원들에게 오히려 신뢰를 얻는 일도 있었다.

그렇다고 각계각층에 채널을 구성해서 회사 차원이나 특정 조직에서 구두 정보망을 독점해 버리면 그 자체가 공식적인 지위로 드러나고 고착화되어 결국 또 다른 새로운 정보망이 생겨날 것이다. 오히려 드러난 채널에서는 유용하지 않은 정보가 오가는 법이다.

새로운 시스템 도입 시 담당자의 정직한 설명이 필수다

직원들과 직접 소통하는 공청회나 변화관리 교육에서도 정직한 소통은 매우 중요하다. 설명회, 공청회, 교육 등 어떤 타이틀이 걸려 있더라도 직원들 앞에 나서서 혁신 프로젝트를 전하는 역할은 전문적인 준비가 된 사람이어야만 한다. 단순히 진행사항을 전하거나 시스템을 소개하는 역할이라고 간단히 여기고 무대에 섰다가는 개인적인 낭패를 넘어 프로젝트 전반에 걸쳐 손상을 입힐 수 있다.

시스템 설명은 나무랄 데 없이 잘 했지만 "이 시스템을 구축하는데 얼마가 들었나?" "특정 회사 밀어주려고 도입했다는 게 사실인가?" "다른 회사 이야기를 들어보니 별로라는데 좋은 얘기만 한 것 아니냐? 나쁜 점을 말해보라." 등에 관한 질문에 대해 "그건 제 담당이 아니므로 대답하기 곤란합니다. 담당자를 통해 나중에 알려드리겠습니다."라고만 반복하거나, 당황하거나 감정을 숨기지 못하고 답변하는 모습을 보이는 안타까운 경우가 많다. 직원들은 이런 모습을 통해 혁신 프로젝트 진행 자체에 대해 신뢰감을 가지기 힘들다.

특히 시스템 소개를 담당하는 역할은 개발자가 직접 나서는 경우가 많은데 이들은 세련되게 설명하는 것에 대해서는 어느 정도 포기를 하고 나서는 경향도 있다. 이와는 반대로 프레젠테이션에 유능한 전달자는 시스템의 좋은 면만을 화려하게 설명했다가 마지막 결말 부분에서 부정적인 질문을 받으면서 이전의 좋은 흐름을 살리지 못하는 경우가 많다. 마무리가 좋아야 직원들이 긍정적인 상태로 교육을 받아들이게 되는 일이 많다.

따라서 시스템 설명을 담당하는 발표자는 시작에 앞서 본인의 역량이 세련되고 완벽한 발표에는 아직 부족한 점이 있음을 솔직히 인정하고 양해를 구하는 것도 나쁘지 않다. 하지만 그럼에도 불구하고, 이 자리에 나선 건 시스템에 관해서는 직접 개발에 참여했고 가장 잘 알고 있어서이니, 전달력이 다소 기대에 못 미치더라도 이해를 해달라고 진솔하게 나서면 오히려 전화위복이 될 수 있다.

부정적인 사안을 전할 것이 있다면, 초반에 해야 한다. 변화를 위해 좋은 점만 있을 수는 없다. 이를 감수하면 이러이러한 보상이 따른다는 순서로 접근하는 것은 거의 모든 프레젠테이션에서의 원칙이기도 하다. 또한 전달할 내용뿐 아니라 사용하는 단어 선택, 적절한 예시, 분위기 전환을 위한 유머, 내용에 부합하는 시각자료 등에 대해서도 면밀히 검토해야 한다.

가장 트렌디하고 효율적인 혁신을 이끄는 조직과 구성원에 대해 직원들이 기대하는 수준은 세련되고 합리적이고 빈틈이 없기를 바라는 것이다. 하물며, 스마트워크 아닌가? 직원들은 변화를 이끄는 조직과 구성원에 대해 상상하지 못할 만큼 높은 기준을 갖고 있다는 점을 명심해야 한다.

03

화려함보단
'내 몸에 맞는 옷'이 좋다

'어떻게 스마트워크를 도입할지'에 대한 고민에 앞서 '왜 스마트워크가 필요한지'에 대한 고민이 선행되어야만 한다. 그래야만 '어느 수준으로 스마트워크를 도입할지'를 명확히 정의할 수 있다. 시대적·사회적 흐름, 새로운 테크놀로지의 발전추세, 기업의 경영여건과 중장기 비전, 그리고 기업 구성원들의 의식 수준을 종합적으로 고려해야만 기업이나 조직에 최적화된 스마트워크 모델을 설계할 수 있다.

도입을 위한 검토 단계에서 서비스 업체의 화려한 제안이나 기존 구축 업체의 풀 패키지 시스템을 염두에 두고 따라가서는 안 된다. 이미 설계가 확정되고 맞춤형 시스템이 개발되는 도중에 새로운 요구사항을 내는 것도 흔히 일어나는 게 현실이다. 검토 단계에서는 문제 제기가 없었다가 도입이 임박한 상태에서 미처 검토하지 못했지만 꼭 필요한 것이라고 무리한 요구를 하는 경우도 비일비재하다.

이런 행태도 곰곰이 생각해보면, 이미 계약 금액은 확정되었으니 하나라도 더 얻어내는 게 이익이라는 생각으로 요청을 하는 것이 회사에 뭔가 기여를 한 것이라고 자위하는 담당자의 충성심과 권위의식 때문에 발생한다고 볼 수 있다.

하지만 스마트하게 일하자는 시스템 구축에서만큼은 이런 욕심을 내려놔야 한다. 치명적인 오류가 아닌 기존의 설계디자인에서 검토하지 않았던 부가 기능을 추가하는 것은 새 옷을 입어보기도 전에 누더기로 기워서 완성하는 것과도 같다. 옷을 많이 걸쳐 입는다고 베스트 드레서가 되는 것이 아니다. 오히려 덜 입어야 돋보이는 경우가 더 많다.

스마트워크는 크게 두 가지로도 구분할 수 있다. 하나는 스마트하게 일하기 위해 불필요한 업무나 관습을 제거하는 '워크 다이어트Work Diet'가 있고, 반대로 스마트한 업무를 위해 새로운 시스템이나 방식을 도입하는 '워크 웨이트Work Weight'가 있다.

어떤 방식을 버리고 어떤 새로운 것을 도입해야 할지 명확히 판단하기 위해선 다음과 같은 도입절차를 밟아야 한다.

① 추진조직 구성

스마트워크 추진조직은 반드시 사내 핵심 인력이 참여하고, 주도해야 한다. 형식적으로만 참여해서 외부 컨설팅업체나 서비스업체가 주도하면 기업이 추구하는 목표와 방향성에 어긋나기 쉽고 사용자 입장보다는 공급자 편의 위주로 만들어질 확률이 매우 크기 때문이다.

　프로젝트 구성원은 경영전략 수립을 담당하는 경영기획, 인사·노무, 정보통신 부문과 혁신 부문의 담당자가 참여해야 한다. 무엇보다도 프로젝트 리더의 역할과 지위도 중요하다. 스마트워크 도입은 회사 전반에 걸친 변화를 이끌어내는 프로젝트이며 이를 이끄는 책임자의 레벨은 경영지원이나 혁신을 관장하고 있는 임원급이 적합하다.

　여러 부서에 걸친 제도와 규정을 조율하고 도입에 따른 근로방식에 관해 최고 경영자부터 노동조합이나 근로자대표를 설득하려면 임원급 직위의 거물급이어야 하고, 명목상 보고만 받는 역할이 아니라 실무적으로 깊게 관여할 사람이 선임되어야 제대로 일을 추진할 수 있다.

② 일하는 수준 진단

스마트워크를 도입하려는 기업은 스마트워크 4대 영역 조직문화

Culture, 업무공간Space, 제도·프로세스Process, IT 수준Smart Tool에 해당하는 진단항목을 통해 스마트워크 수준을 진단한다.

조직문화 진단은 스마트워크에 대해 경영층이 비전과 전략을 어느 정도 보유하고 있는지, 직원들의 실제 일하는 방식과의 차이는 얼마나 되는지 분석하는 것이다. 업무 공간 진단을 통해 직원들이 현재 업무에 몰입하기 위한 업무공간이 제공되고 있는지, 시공간 제약 없이 업무를 수행하는데 필요한 환경과의 갭이 어느 정도인지 진단한다.

제도·프로세스에 대한 진단을 통해서는 현재의 제도와 활용 수준을 파악하고, 조직이 추구하는 스마트워크를 뒷받침해주는 제도와 프로세스와의 갭을 파악한다. 또한 어느 수준의 IT 환경을 보유하고 활용하고 있는지 파악한다.

③ 스마트워크 업무 유형 및 대상 선정

성공적인 스마트워크 도입을 위해서는 도입 범위와 대상을 선정하는 것이 중요하다. 관리형, 기획형, 사무형, 영업형, 현장형, R&D형 등으로 대표되는 업무 유형이 있지만, 회사의 서비스업종과 이에 따른 직무를 고려해서 스마트워크에 적합하고 우선적으로 도입해야 할 직군과 당장은 아닐지라도 업무 프로세스 개혁이나 기술적인 문제해결을 통해 향후 도입이 필요한 직군의 선별 작업이 이루어져야 한다.

　스마트워크에 적합한 업무로는 영업이나 고객지원 업무와 같이 회사 외부에서 고객과의 대면 커뮤니케이션이 많은 일, 사무실에서 근무하더라도 근로자 단독의 집중력을 요하는 일이나 대면 커뮤니케이션이 적은 직무, 디자인 제작, 대량의 통계 수치를 집계 분석하는 직무 등 업무 계획을 세우기 쉽고 진도 사항을 쉽게 체크할 수 있거나, 일의 진행과정보다는 결과가 더 중요시 되는 직무가 해당된다.

④ 스마트워크 추진 전략 수립

스마트워크 중점 추진 대상에 맞추는 것이 곧 기업에 적합한 스마트워크 도입과 직결된다. 우선 중점 추진 대상자에 적합한 도입 형태를 근무 장소, 근무빈도, 근무성격 등을 고려하여 결정한다. 기업의 업무 특성과 필요성에 따라 유연하게 적용해야 한다. IT 인프라의 고도화와 지속적인 기술 진화 등의 여건을 통해 스마트워크를 적용할 수 있는 업무의 형태와 범위는 계속 확장될 것도 감안해야 한다.

　스마트워크 시스템 도입과 함께 폐기하거나 합쳐야 할 업무를 먼저 선별하고 이에 따른 영향과 조직, 제도적인 개편을 준비해야 한다. 기존의 혁신 시스템과 제도, 이를 관장하는 조직원들을 어떻게 재배치

할지 결정해야 한다. 또한 스마트워크에 따른 새로운 제도와 이를 수행할 조직도 준비해야 한다. 원격근무를 위한 시스템을 구축하는 것 못지않게 원격근무에 따른 근태관리, 평가, 승진, 복지제도 등을 새롭게 정비해서 새로운 제도로 인한 직원들의 불이익이나 불만이 발생하지 않아야만 새로운 시스템이 안착할 수 있다.

⑤ 비용 산정

스마트워크 도입 범위 및 대상 선정에 따라 비용이 산정된다. 같은 시스템이라도 사용자 수와 서비스 방식에 따라 비용의 차이가 크게 발생하기 때문에 신중히 따져 보아야 한다. 스마트 시스템 구동에 따른 PC 사양, 네트워크 정비, 문서중앙화, 직원 변화관리 교육, 홍보, 이벤트 등 다양한 영역에서 비용이 발생하는 것을 감안하고 충분히 확보해야 한다. 또한 예산이 한 부분으로 치우치거나 누락되지 않도록 적합한 비용 배분이 필요하다.

⑥ 스마트워크에 따른 사규, 제도 정비

스마트워크 도입에 따라 기존의 취업규칙을 변경할 필요가 있는지, 변경이 필요한 부분이 있다면 사내·외 자문을 통해 마련하고 검증받아야 한다. 세부 규정도 꼼꼼히 마련해야함은 물론이다.

이런 과정이 마무리 되면, 직원들에게 스마트워크가 도입된다는 것과 함께 이로 인한 취업규칙 변경, 제도 신설 등을 미리 알려야 한다. 업종에 따라서는 사전에 노사 간 합의를 이뤄야 하는 경우도 있다.

04

솔직해야 통通한다

　중요한 프로젝트일수록 철통같은 보안을 내세운다. 다른 관점으로 보면, 남들이 중간 진행과정을 알리지 않고 알 수도 없도록 하는 자체만으로도 뭔가 중차대한 프로젝트를 수행하는 듯 어필하려는 경향도 있다.

　외부와의 보안은 그렇다 치더라도 프로젝트를 추진하는 조직 내부에서조차 비밀을 지키지 않으면 징계조치가 따른다는 것을 주지시키는데 집중하곤 한다. 신뢰와 소통을 위한 스마트워크를 진행하면서는 이러한 관행을 벗어나야 한다. 비밀을 지키느라 내부 신뢰를 잃고 참여도가 저하되며 이로 인해 창의력과 팀워크를 제대로 발휘하는 것을 스스로 포기하는 셈이 되기 때문이다.

　개혁의 시기에는 온갖 루머가 난무하고 직원들은 생존본능적으로

209
PART 5 스마트워크, 도입부터 스마트해야 한다

보다 더 많은 정보를 갖기 위해 역량을 발휘한다. 이 과정에서 소문이 소문을 부르고 악선전이 퍼질 뿐 아니라, 제대로 된 충분한 정보가 없기 때문에 부정적인 결론이 도출되기도 한다. 나중에 정식으로 공개된들 이미 소문을 통해 부정적인 이미지로 굳어진 상태여서 별 영향을 미치지 못하는 결과를 초래한다.

맞고 틀리고를 떠나, 이미 많은 정보를 갖고 있는 직원들이 설명회에 참석한 상황인데도 틀에 박힌 설명을 하다가 정작 직원들이 의문스러워 하는 질문에 대해서는 제대로 대응하지 못한다면, 직원들의 신뢰감을 얻는 건 고사하고 그들이 품었던 모든 의심을 확신하게 만들어버리는 효과를 이끌어내기 마련이다.

따라서 직원들과 직접 만나는 설명회나 공청회에서는 아무리 공을 들여 준비한 설명 자료일지라도 현장에서 느낀 직원들의 반응이나 분위기에 따라 플랜B를 가동할 수 있도록 준비해야 한다. 참가자의 대부분이 스마트워크 등 혁신에 대한 사전정보가 전혀 없거나, 반대로 설명될 내용의 대부분을 이미 여러 경로를 통해 알고 있는데도 준비한 자료나 진행 방식이 한가지 밖에 없다면 안 하느니만 못한 결과가 나올 게 빤하다.

더 문제인 것은 이렇게 진행한 결과에 대해서 담당자가 별 문제의식 없이 일단 시행한 것 자체에 의미를 두거나, 무관심으로 인한 무반응을 '직원들이 문제를 제기하지 않았으므로 별 무리 없이 받아들이는 분위기였다'라고 왜곡하는 것이다. 만족도 설문조사를 한다고 한들 받아들일 준비가 되었는가, 라는 본질적인 사안을 파악하는 최종 잣대가 될 수도 없고 되어서도 안 된다. 교육장 환경이나 강사의 전달력은 두말할 나위도 없고, 이해도 점수 5점 만점에 4.1이든 4.2이든 간에, 이 점수를 통해 원하는 만큼의 준비가 되었는지를 판단할 수 없기 때문이다.

설명회·공청회 시, 청중의 반응에 따라 내용을 적절히 바꿔야 한다

전혀 준비가 안 된 청중이라고 생각했을 때는 스마트워크에 관한 쉽고 재미있는 사례를 위주로 흥미와 관심을 이끌어내야 한다. 사용법에 대해 설명할 시간이 대폭 줄어들더라도 상관없다. 새로운 변화에 대해 호의적인 마음을 갖도록 하는 것이 가장 중요하기 때문이다. 딱딱하고 이론적인 설명이나 이것만은 꼭 기억하라면서 세부적인 기능 설명이 앞서면 새로운 시스템에 대한 막연한 거부감을 확신으로 정착시킬 확률이 높다. 직원들의 상태와 반응을 정직하게 받아들이고 인정해야 한다. 정직하게 보고하고 정직하게 대책을 마련해야 한다. 그게 스마트워크의 근간이다.

이미 설명회에 참가했거나 사용하고 있는 직원들이 섞여 있는 경우에는 초보자를 대상으로 설명을 이끌어가기 보다는 중상위 레벨의 청중을 만족시킬 내용으로 진행하는 것이 좋다. 초보자를 위한 설명에 그치지 않고 질의응답이나 그간 나온 주요 VOC를 추가한다면 중상급자는 물론 초보자들의 이해를 돕는 데에도 훌륭한 효과를 거둘 수 있다.

이러한 방법으로 준비된 교육만이 청중들의 흥미를 유발하고 유익한 시간으로 이끌 수 있다. 청중들이 교육을 통해 전달받은 내용을 최대한 많이 기억하는 것이 관건이 아니라, 졸리거나 지루하지 않은 흥미로운 이야기를 들었다고 평하는 교육이어야 한다. 새로운 변화에 동참하기 위해 필요한 것은 결코 지식이 아니라, 변화에 동참할 자발적인 동기부여가 필요한 것임을 반드시 기억해야 한다.

설명회 내내 졸거나 스마트폰을 보며 딴청을 피우고 있는 직원이 대부분이었는데도, 부정적인 질문이나 반응이 전혀 없었으니 설명회를 무사히 마친 것으로 간주하는 건 무책임하고 정직하지 못한 근무태만이다. 그간의 관행과 방식을 버리고 새로운 시도를 통해 변화를 모색해야 한다. 스마트워크를 위한 구성원들의 변화를 위해 마련한 시간이 스마트하기는커녕 그저 구태의연한 방식이라면 그 담당자는 변화에 앞장설 자격이 없다.

직원들의 입장에서 본다면, 새로운 시스템이나 제도의 도입은 사실 싫어도 싫다는 표현을 못하고 그저 받아들일 수밖에 없다. 부정적인 반응을 보이면서도 마음속으로는 결국엔 이러한 변화를 수용할 것이라는 마음을 갖고 있다. 변화에 동참할 명분과 쉬운 스타트업을 마련해 주는 것이 성패를 가른다.

05

저항의 단계를 인식하라

변화를 거부하는 데는 여러 가지 원인이 있다. 개인 차원의 이유는 안정을 추구하는 성향, 습관, 실패나 모르는 것에 대한 두려움, 지위나 직업 상실의 위협, 전문성 상실의 위협, 경제적 부담, 막연한 두려움 등이다.

조직 차원의 변화거부요인은 불신풍조, 기존 권력구조 파괴의 위협, 집단의 영속성 파괴 거부, 문화적 전통 파괴 거부, 집단 내 관계 재편성, 기득권 포기, 부적절한 보상, 부적절한 시기선택, 구조적 관성 등이 있다.

다양한 이유가 존재하듯, 변화에 당면한 반응도 개인별 성향에 따라 천차만별이지만 그 이후의 저항의 단계는 크게 7단계로 나눌 수 있다.

변화에 대한 첫 번째 반응은 '충격Shock'이다. 마치 암 선고를 받는 것과 같다. 의사는 환자에게 닥칠 충격을 최소화하고자 가족을 통해 간접적으로 운을 띄우거나 암시를 주기도 하지만, 환자는 머릿속이 백지상태가 되는 쇼크 상황을 맞이하게 된다.

두 번째 반응은 '부정Denial'과 '분노Anger'다. 내가 암에 걸렸을 리가 없다고 부정하고 왜 내게 이런 일이 일어나야만 하는지 불같이 화를 내기도 한다. 의사의 진단이 틀렸을 거라며 병원을 옮겨 다시 검사를 받아보기도 한다.

세 번째 단계는 '무력감Incompetence'이다. 병원도 바꿔서 다시 진단을 받아 봐도 역시 큰 병에 걸렸다는 것을 재차 확인하고 받아들여야만 할 때가 오면, 하늘이 무너지는 절망감을 느끼며 무기력해지고 만다.

네 번째 단계는 '현실 인식Acceptance of reality'이다. 어차피 모든 사람은 태어나서 죽기 마련이니 받아들여야 한다고 느낀다. 이런 병에 걸린 이유도 어떤 것이 문제였는지 수긍이 가고 이왕 가는 거 남은 기간 동안 해야 할 일들이 무엇일지 떠오르기 시작한다.

다섯 번째는 무언가를 '시도Testing'하는 것이다. 변화를 받아들여야만 한다는 현실을 인식한 순간 능동적으로 변한다. 대체 요법을 찾아 나서기도 하고 홀로 여행을 떠나기도 한다. 남아 있는 가족을 위해 해야만 하는 일들이 무엇이 있을까, 남은 여생을 어떻게 잘 보낼까 무언가 시도를 하기 마련이다.

여섯 번째 단계는 '의미 모색Search of meaning'이다. 내가 왜 이런 일을 해야만 하는지, 내가 살아온 인생이 어떤 의미가 있었는지 모색하고, 남은 사람들에게 꼭 전해주고 싶은 이야기를 정리한다. 유언장을 쓰는 시점이기도 하다.

마지막 단계로 변화를 받아들이는 '결합Integration'의 순간을 맞이한다. 삶에서 죽음으로의 변화를 받아들이며 삶을 마감하고 죽음의 단계로 통합되는 것이다.

누구나 변화를 무조건적으로 수용하지 않는다

이러한 변화의 단계는 환자에게만 해당되는 것이 아니라, 새로운 제도나 시스템의 변화에 대해서도 대동소이한 단계로 진행된다.

아무리 유익하고 필요한 변화일지라도 새로운 제도나 시스템을 맞이하게 되면 충격으로 다가오기 마련이다. 어제까지 잘 써왔던 시스템 대신 새로운 방식을 배우고 일하는 방식마저 바꿔야 한다는 선언에 왜 아무 문제없이 돌아가는 시스템을 바꿔야 하는지에 대해 불만을 터뜨리기도 하고, 새로운 시스템의 불편함이나 초기의 문제를 부각시키며 심지어는 예전 시스템으로 돌아가게 해달라고 강력히 주장하는 직원들이 있다. 아직 충격과 분노의 상태라고 이해하면 된다.

그 다음 단계는 주변에서 하나둘씩 새로운 시스템을 잘 쓰고 있는 직원들이 눈에 들어오기 시작한다. 그에 반해 애써 부정하며 관심을 안 가졌던 자신이 과연 잘 하고 있는 건가 하는 의구심도 생기고, 사실 스마트 기기 사용이나 관련된 지식에 부족한 것에 대해 걱정을 넘어 절망감이 들기도 한다.

더 이상 늦기 전에 이제부터라도 마지못한 체하며 새로운 방식을 받아들여야 할 때라고 현실을 인식하게 된다. 그 순간부터 이런 저런 시도를 하기 시작한다. 어떻게 하는지 헬프 센터나 주변 사람들에게 물어보기도 한다.

이러한 단계를 거쳐 직원들이 자발적으로 새로운 시스템을 통해 발견한 장점과 활용법을 공유하기 시작했다면 변화가 성공적으로 안착하는 마지막에 거의 근접한 '의미 모색Search of meaning' 단계에 접어들었음을 의미한다.

이러한 변화의 단계를 이해한다면 헬프 센터에 접수된 질문 리스트를 살펴보는 것만으로도 변화의 단계를 추측할 수 있다. 같은 장애 신고라도 시스템 초기 설정을 묻는 변화의 초기 단계인지, 주요 기능이 아닌 부가기능에 대한 탐구적 질문이 얼마나 있는지에 따라 직원들의 변화 단계를 유추할 수 있는 것이다.

또한 가동 후 직원설명회나 부서별 모임 등 오프라인에서도 구성원들의 반응을 이와 같은 변화의 단계에 입각해서 관찰한다면 변화의 진행상황이 어떠한지 파악하는데 도움이 될 것이다. 변화관리 기법도 스마트하게 변화해야만 한다.

06

스마트한 직원의 과제, 고립감 극복과 성과 달성

그리스 시대 철학자 소크라테스는 당시 문자와 책이 대중화되려는 사회현상에 대하여 "문자가 인간의 기억능력과 사고력을 망친다"고 강력하게 경고한 바 있다. 문자를 통한 기록보존은 인정했지만, 문자가 사람의 기억력의 필요성을 감소시키고 이로 인해 사고력과 학습능력을 퇴화시킬 것이라고 했다. 2천 500년 뒤에 벌어진 인터넷과 스마트폰 시대에서도 이 경고는 유효하다.

내비게이션은 10년 전 보급되었을 때만 해도 길을 잘 모르는 운전자들을 위한 '보조수단'이었다. 운전이 직업인 택시 운전사가 내비게이션을 보고 운전을 하면 승객들은 택시 운전을 갓 시작한 초보기사로 판단하고 불안해했다.

하지만 이제는 택시운전사가 내비게이션을 활용해서 막히지 않는 최적의 운행거리 탐색에 활용하는 것에 승객들은 오히려 신뢰를 보낸다. 자가 차량 운전자도 내비게이션이 없던 시절 어떻게 길을 찾아 운전했었는지 신기할 정도라고 감탄한다. 대중화된 지 불과 5년이 겨우 되었을 뿐인데 스마트 기기의 도움 없이는 운전할 엄두가 안 날만큼 인간의 뇌를 퇴화시켰다.

선용과 악용이 난무하는 스마트시대, '스마트 초이스'가 관건

회사 업무도 그간 회사에서 제작되었던 문서를 더욱 손쉽게 참조할 수 있는 것뿐만 아니라, 웹 검색을 통해 국내외의 풍부한 지식자료를 다양하게 활용할 수 있다. 하지만 너무 많은 것도 문제고 이를 변별할 수 있는 능력도 떨어지고 있다. 대학생 인턴에게 자료 조사를 시켰더니 짧은 시간에 어마어마한 양의 자료를 찾아 놓고 어찌할 바를 모르는 것을 보면서, 어떤 게 핵심자료로 활용할 가치가 있고 다른 자료와는 어떤 상관성을 이뤄서 활용할지에 대해선 고민하지도 않는 모습을 보면서, 이전부터 그런 훈련은 거의 이루어지지 않았다는 것을 알았다.

인터넷 보급이 확대되면서 '노하우Know How'가 중요한 게 아니라 '노웨어Know Where'가 중요하다고 했지만, 스마트폰 시대에는 노웨어

보다는 '스마트 초이스Smart Choice'가 더 중요하다. 짧은 시간 집중력으로 방대한 정보를 수집할 수는 있지만, 어느 것이 적합하고 신뢰할 수 있는 정보인지 판단하는 인지 능력이 없으면 오히려 많은 혼란을 불러올 것이기 때문이다.

중고등학교, 심지어는 초등학교에서도 새로운 형태의 왕따가 등장했다. 이른바 '사이버왕따' 현상이다. 모바일 메신저나 SNS를 통해 무리에 끼워주지 않거나 얼굴을 보지도 않은 상태에서 집단적인 욕설, 험담을 퍼붓는 것이다. 직접적인 욕설이 아니니 별 것 아니라고 생각할지 모르지만 가해자는 피해자가 고통당하는 모습을 직접적으로 볼 수 없기 때문에 오히려 더 일방적이게 되고 피해자는 더 큰 모멸감을 느낀다.

성인들만의 조직인 회사에서도 사이버 상에서의 계층현상이 보이고 있다. 사적인 용도보다는 회사 업무로 받는 문자메시지가 대부분인 부장님은 굳이 '카톡'을 써야 할 필요성을 못 느낄 뿐인데, 부하직원들은 '카톡'조차도 쓰지 않는 또는 쓸 줄 모르는 '옛날사람'으로 비웃는다. 그렇다고 부장님이 페이스북 친구라도 신청을 해오면 난감해 하며 수락을 거절하거나 대응을 하지 않는다.

회사 시스템도 개인 블로그나 SNS 방식으로 바뀐다는 것에 대해 나이든 계층에서는 이렇게 무용론을 펼치기도 한다.

"안 그래도 컴퓨터 화면만 보고 도무지 무슨 일을 하는지 파악이 안 되는데, 앞으론 더욱 더 거리감이 생길 것이고 상사나 조직에 대한 소속감이 없어지게 될 것이다.”

컴퓨터나 SNS의 발달에 의해 사람과 사람의 직접적인 접촉이 줄어들고 인간관계가 소원해진다는 것은 너무나도 소박하고 천진한 염려에 불과하다. 우선 구성원들과의 공평한 의사소통이 전개될 것이다. 일의 성과와는 관계없이 윗사람과 얼굴을 맞대고 이야기하는 것에 많은 어려움을 느끼는 직원, 직원들 간에도 부끄러움을 잘 타는 직원, 업무상 사무실에서 상사와 마주할 기회가 없는 직원들과도 온라인을 통해 소통할 기회가 똑같이 주어지기 때문이다.

월요일 아침 회의를 시작할 때 다분히 형식적으로 주말 잘 보냈습니까, 라고 묻는 것에 그치지 않고 페이스북이나 카카오스토리에 올려놓은 사진을 본 이야기를 토대로 이야기가 전개된다면 짧은 시간으로도 엄청난 이야기가 오간다. 엘리베이터나 식당에서 마주칠 때 가벼운 인사 정도 나누던 직원이었지만, 회사 내에서 같은 성향의 사람들의 모임을 손쉽게 구성할 수도 있고 직접 만나서 교류를 심화시킬 수 있게 된다.

회사 업무 수행에서도 마찬가지이다. 조직 내에서 상사에게 총애받는 특정 인물과 좋은 관계를 맺어 정보를 독점하다시피 하고 중요한 일을 수행하는 특혜를 받는 등의 방식이 더 이상 지속되지 않아야한다.

시스템을 통해 자료를 모두가 활용할 수 있고 여러 사람이 함께 진행한 일에 대해 누가 얼마나 기여를 했는지 자연스레 드러난다면 상사 앞에서 말로만 떠들거나 아부하는 사람의 역할이 사라질 수 있을 것이다.

산업사회와 스마트워크 시대의 일하는 방식은 클래식 연주자와 재즈 연주자의 차이로 비유해 볼 수도 있다. 클래식 연주자는 악보대로 또는 지휘자의 지휘에 따라 미리 정해진 음을 내면 그만이다. 많은 반복 훈련과 지휘자의 카리스마적 리더십이 절대적인 성공요인이 된다.

반면, 재즈 연주자는 공연장의 분위기와 상황에 따라 즉흥적으로 연주를 한다. 리더가 있긴 하지만 따로 분리되서 지휘를 하는 게 아니다. 그렇다고 서로 제각각 하고 싶은 대로 소리는 내는 건 결코 아니다. 서로 합주를 하면서도 중간에는 악기 연주자들의 솔로 연주를 통해 개성을 드러내고 다시 합주로 마무리를 짓는다. 같은 곡이라도 매번 다르게 연주되지만 궁극적으로는 관중들에게 최선의 연주를 전달하는 최적의 방식으로 진화하고 있는 것이다.

스마트워크 구성원의 역량 4가지

스마트워크 시대에 적합한 구성원이 되기 위해선 다음과 같은 역량이 필요하다.

첫째, 자율적인 책임감이 필요하다. 스마트워크의 근간은 신뢰와 책임감이며 자율성을 보장하는 시스템과 제도가 본연의 취지로 유지되려면 책임감을 정확히 자각하고 있어야 한다. 감시와 통제에서 멀어졌다고 해서 해야 할 일, 정해진 시간을 지키지 않으면 모든 것이 무너진다. 뿐만 아니라 의무적인 책임을 다하는 것을 넘어 통제 받지 않는 시간을 통해 자율적인 노력과 창의력이 발휘되어야만 의미가 있다.

둘째, 타인과의 상관관계를 잘 인식해야 한다. 이전에는 내게 주어진 일을 깔끔하게 잘 처리하면 됐지만, 이제는 다른 사람의 정보를 반드시 살펴보는 과정을 거쳐야 한다. 다른 사람의 정보를 사전에 활용할 수도 있고, 이미 다룬 적이 있는 내용으로 중복되지 않는지 반드시 점검해봐야만 한다. 온라인을 통한 협업의 기회가 많아질수록 타인과의 관계와 역할을 잘 인식해야만 온전히 내 업무를 잘 수행해낼 수 있다.

셋째, 새로운 일에 대한 도전과 수용성이 필요하다. 농경사회에서 산업사회로의 전환기가 그랬듯이 새로운 기기와 시스템에 대해 미리 경험했거나 이로 인한 변화의 모습을 정확히 예측할 사람은 없다. 산업사회에서는 조직에서 밀려나지 않도록 정해진 일을 꼼꼼히 해내기만 하면 출세하는 경우가 많았다. 하지만 스마트워크 시대에는 변화하는 상황에 따라 신속하게 적응하고 예측하며 일하는 통찰력 있는 사람을 찾고 있다.

넷째, 바른 인성을 갖춘 사람이어야 한다. 사람과 사람이 대면해서 처리하는 일이 줄어듦으로 인해 인간관계에 소요하는 시간은 줄어들 수 있다. 하지만 그렇다고 해서 인간관계를 소홀히 하는 것에 대해 관대해지는 것은 결코 아니다. 오히려 예전보다 더 엄격한 비난이 따르고 책임을 묻게 된다. SNS에 한두 줄 아무 생각 없이 올린 글로 인해 구설수는 물론 자리를 내놓아야 하는 경우가 그렇다.

07

장애인 고용의 새로운 출발점

"스마트워크요? 편리하다 유용하다를 떠나 저에게 원하는 일자리
를 줬습니다."

스마트워크로 새로운 일자리를 얻게 된 한 장애우 직장인의 만족스
런 인터뷰다. 스마트워크는 직무에 대한 개념을 크게 변화시킨다. 정
해진 공간과 시간에 존재해야만 일이 된다는 생각만 벗어나면 일할
수 있는 기회는 크게 확대된다. 장애인에게도 마찬가지다. 홈오피스
나 모바일 오피스를 적용하면 장애인도 본인이 가진 기술과 지식으
로 많은 일을 수행할 수 있다.

국내에는 이미 많은 장애인 직장인들이 스마트워크를 활용해서 직
무를 수행해 오고 있다. 한국직업재활학회의 「장애인 스마트워크 기
반에 관한 연구」(2014) 논문에서 스마트워크로 업무를 수행하고 있는

225

장애인 5명과 스마트워크 실무 담당자 5명을 인터뷰하여 조사한 결과 그들은 아직 개선이 필요하긴 하지만 스마트워크는 분명히 장애인 업무 지원에 혁신적인 역할을 하고 있다고 의견을 모은다.

근로장애우들이 주로 담당하는 업무는 정보통신기술을 이용하여 할 수 있는 특정 사이트 관리, 불법 사이트 감시, 모니터링으로 조사되었다. 이들의 근무시간은 1일 평균 4.8시간으로, 최단 근무시간은 3시간부터 최장 근무시간은 8시간이었다. 근무시간은 본인의 요구에 의해 정해지기 보다는 회사에서 정해 준 근무시간을 준수하고 있었다.

한편 일정량의 실적만 달성하면 근무시간은 크게 구애받지 않아도 되는 경우가 있었다. 실제로 근무를 하고 있는 장애인 직장인의 인터뷰를 들어 보면 직무 내용에 따라 근무 시간이 합리적으로 조정되어 있다는 것을 알 수 있다.

"매일 정해진 채널의 시간대에 3시간씩 모니터링해서 보고서를 작성하고, 매주 정해진 요일에 보고서를 제출해요. 보고서 모니터링 하는데 3시간 걸리고 보고서 작성하면 매일 5시간에서 6시간 정도 걸려요."

"제가 맡은 일은 해당 기관과 관련된 실시간 온라인 뉴스, 지면 기사를 모니터링하고, 중요한 기사를 정리하여 관계자들한테 전달하는 일이에요. 하루 평균 8시간 일하고 5일 근무하고 있어요. 제 업무의 경우 3명이 교대로 근무해요. 오전 근무, 오후 근무, 주말 근무로 매주 번갈아가며 일합니다."

오프라인이 배제되었을 때의 보완책을 마련해야 한다

하지만 이런 업무를 수행함에 있어 여러 가지 환경이 최적화되어 있는 것은 아니다. 다른 부서 및 직원들과의 관계나 정보의 유통 측면에서 아직 개선해야 할 것은 많다. 홈오피스를 하고 있는 한 직원은 이런 말로 어려움을 호소했다.

"저희 같은 경우에는 의사소통을 글로만 하니까, 처음에 정말 스트레스를 많이 받았어요. 옆에서 직접 보여주면서 설명을 해주면 금방 이해할 텐데, 문서에 적힌 내용을 혼자 연구하면서 설치도 다르게 해보고…… 이런 과정이 전 너무 어려웠어요. 그리고 제 업무는 특성상 밤에 하는 일이기 때문에 그 시간에 다른 직원들은 퇴근했는데 물어볼 수도 없잖아요. 하루 종일 그것 때문에 날을 샌 적도 많았어요."

이에 따라 장애인 직장인들을 스마트워크에 올바로 정착시키기 위해서는 첫째, 장애인을 고영한 직장에서는 장애인에 대한 올바른 인식과 교육을 통해 장애인에게 적합한 근무시간과 업무량, 맞춤형 교육을 제공하고, 장애인들의 직업적 안정성을 보장할 수 있는 근로 형태를 제공해야 한다. 단순히 집에서 재택근무한다고 스마트워크는 아니다. 일을 하는 직장인이 효율적으로 업무할 수 있는 환경이 될 때 제대로 된 스마트워크라 할 수 있을 것이다.

둘째, 고용이 된 장애인은 업무 수행 능력과 근로에 대한 의지, 정보화 기능, 열린 마인드, 성실성, 전문 지식과 기술을 충분히 가져야 한다. 장애인 직장인도 직장인이다. 회사에서 충분한 성과를 낼 만큼 역량을 발휘해야 할 필요가 있다. 장애인이라는 이유로 특별한 손해를 당하거나, 반대로 특별한 이익을 얻을 이유는 없다. 다만 스마트워크의 합리적인 제도와 진화된 기술로 일할 수 있는 기회를 얻게 되는 것이다.

장애인 스마트워크의 확대 및 활성화가 어느 한쪽의 의지로만 이루어지는 것은 아니다. 직원을 고용하는 회사는 장애인이 일할 수 있는 환경을 위해 작은 부분까지 민감하게 고려해 제도를 마련해야 하고, 고용된 직원은 성과를 낼 수 있도록 충분한 자기계발과 소통의 노력을 해야 한다.

현재 우리나라의 등록 장애인 인구는 250만 명이 넘는다.(2012, 통계청) 하지만 그 중 장애인 구직자는 2만 1천 438명이고 취업자는 6천 23명에 불과하다. 특히 대기업 중 장애인 의무고용률(2.7퍼센트)을 준수하고 있는 기업은 30개 중 9개 정도밖에 되지 않는다. 장애인 고용률이 낮은 것을 기업의 탓만으로 돌리기에는 무리가 있다. 여러 가지 제약 조건이 많은 상황에서 직무를 할당하기가 어려운 경우가 많기 때문이다. 하지만 스마트워크의 합리적 제도를 적용한다면 장애인 고용의 새로운 출발점이 될 수 있을 것이다.

08

스마트워크는
'24시간 근무시스템'이 아니다!

영업사원들에게 스마트폰으로 영상회의가 되는 기능을 설명하자 여기저기서 한숨이 새어나온다. 그러고는 신신당부한다.

"제발 이 기능을 사업부장이나 임원들에게는 교육하지 말아주세요, 네?"

지난 2011년 12월 독일 폭스바겐 자동차 노조는 근무 외 시간에 스마트폰으로 이메일을 발송하는 것을 중지할 것을 요구하는 파업을 통해 회사는 출근 전 30분과 퇴근 후 30분 안에만 이메일을 발송하기로 합의했다. 약 1천여 명의 직원에 해당하지만 회사의 경영진들은 이 대상에서 제외된다고 했다.

또한 BMW와 푸마 등에서도 이메일 등 온라인을 통해 내려온 지시를 이행하지 않았다는 이유로 직원을 처벌하지 못하는 규정을 2013

년부터 도입했다.

2014년 4월 프랑스는 노사 합의를 통해 '상시 접속' 근무 형태가 직원의 건강을 해치고 '주35시간 근무제'를 토대로 한 프랑스 노동 시스템에 어긋난다고 판단하고, '과도한 업무로 지쳤을 때에는 스마트폰을 통한 상사의 업무 지시를 거절할 수 있다'고 합의했다. 이번 노사 합의는 상시 접속 근무가 많은 정보통신과 컨설팅 분야에서 일하는 30만 명 정도에게 우선 적용될 전망이며, 구체적인 시행 방안이나 위반 시 처벌 조항에 대해서는 추후 논의를 통해 확정하기로 했다.

2012년 1월 브라질 법원에서는 '회사가 정상 근무 시간 이후에 이메일을 보낸 것은 업무지시를 한 것으로 간주하여야 하고, 만일 근로자가 그런 이메일을 받고 이에 대응해야 한다면 시간외 수당 지급 대상'이라는 판결을 했다.

스마트폰 활용에 대한 사회적 합의와 자정작용이 필요

스마트폰으로 집에서도 회사 업무가 가능해진 탓에 퇴근 후 가족과 함께 식사를 하다가 스마트폰을 들여다보고 있는 아빠를 보고 아이들이 "우리 보고 스마트폰 좀 그만 보라고 말할 자격이 없는 거 아니냐?"는 핀잔에 뭐라 설명하기가 난감한 상황이 전개되고 있다.

이러한 이유들로 인해 스마트워크에 대해 적지 않은 거부감과 불만, 우려의 목소리가 적지 않다. 시간과 공간의 제약을 극복하고 언제 어디서나 일할 수 있다고 도입 당시에는 그럴싸한 미사여구로 떠들었지만, 막상 시작해보니 출퇴근 시간이 달라진 건 하나 없고 그저 퇴근 후나 휴일에도 업무에서 벗어나지 못하는 족쇄가 되었기 때문이다.

그것뿐인가? 상사가 SNS 친구초대를 보내오면 거절하기 힘들고 관계가 맺어진 후에는 SNS에 비춰진 직원의 사생활에 대해 아는 척을 하는 것이 난감하기도 하다. 물론 이로 인해 긍정적인 관계로 발전하는 경우도 있지만, 아무리 호의적인 접근이라도 직장 상사와의 사적인 교류는 일방적으로 흐르기 쉽다. 특히 아래 직원의 입장에서나 직원 간에도 친밀감이 없는 남녀 사이에선 부담스러울 수밖에 없다.

이러한 상황은 과도기적 현상으로, 스마트워크 존립의 여부에 영향을 미칠 정도는 아니라고 생각한다. 마치 1990년대 본격적인 1가구 1차량 시대가 돌입해서 너도나도 차를 몰고 도로에 쏟아졌을 때 많은 혼란과 무질서가 있었지만 시간이 흐름에 따라 지금은 자동차 보급에 비례해 교통의식 수준으로 상향되었다. 스마트워크 시대에 필요한 사회적 합의나 관습 또한 사용자들의 시행착오와 자정작용을 통해 마련될 수밖에 없다.

하지만 이러한 과도기적 혼란과 갈등을 최소화하기 위한 노력과 합의는 반드시 필요하다. 스마트워크가 그저 생산성 향상이라는 명분

아래 노동 강도를 강화하고 업무 스트레스를 가중시키는 것으로 악용되거나 전락해서는 안 된다. 비정규직 제도를 고착화하는 수단으로 활용되어서도 안 된다. 장애인, 여성, 노인 등 취약 근로 계층의 일자리 마련에 도움이 되는 차원이 아니라, 이들이 기존의 일자리보다 더 큰 새로운 기회를 얻을 수 있어야만 한다.

기존 직원들을 관리해왔던 제도 또한 연공서열적, 위계서열적 조직 관리의 틀을 깨고 실리적이고 미래지향적인 제도를 마련해야 한다. 지금까지는 집에서까지 회사 업무를 해야 한다고 볼멘소리를 했지만, 앞으로는 인터넷을 통해 회사에서 집안일을 하는 것도 얼마든지 가능해질 것이기 때문이다. 집과 사무실, 일터와 놀이터의 경계 구분조차 어려워질 미래가 생각보다 코앞에 닥쳐 있다.

스마트워크 도입 전에
알아야 할 것들

01

스마트워크 도입을 위한
변화관리자 양성법

'변화'라는 이름의 식상함과 압박

당신이 대기업에서 근무하고 있는지 아닌지를 알려면 '변화'나 '혁신'
이란 단어를 들어봤는지, 또 어떻게 받아들이는지를 떠올려보면 쉽
게 구분할 수 있을 것이다.

　신생회사나 벤처기업이라면 '도전'이란 슬로건에 익숙하겠지만 회
사 역사가 꽤 되었고 그 분야에서 어느 정도 자리매김을 했다면 아마
도 지긋지긋하게 들어왔을 단어가 바로 변하니, 혁신이니 하는 말들
이기 때문이다.

　'변화관리'라는 말로 직원들을 모아놓고 고급스러운 양복 차림의
컨설턴트가 서두에 하는 말도 이제는 쉽게 예상할 수도 있다. 사람이

바뀌어도 그들이 꼭 하는 말은 이렇다.

"'유일하게 변하지 않는 것은 변화해야 한다는 것'입니다. 따라서 변화를 적극적으로 수용해야 합니다."

하지만 이 말은 이미 2천 500년 전 그리스 철학자 헤라클레이토스가 했던 말이니, 변화를 부르짖고 독려하고 받아들여야만 한다고 설득하고 강요하기까지 하는 상황은 인류의 역사만큼이나 길다고 볼 수 있다.

회사에서는 특별한 이벤트나 경영 방침이 아니더라도 늘 끊이지 않고 각처에서 변화가 일어나고 있다. 매일 같은 회사에 출근하지만 내 직급이 바뀌고, 부서가 바뀌고, 부서장도 바뀌고, 구조조정으로 부서가 사라지기도 하고, 아웃소싱으로 엊그제까지만 해도 같은 소속이었던 동료가 다른 회사로 자리를 옮기는 경우도 있다. 변화는 한 사건으로 종결되는 것이 아니라, 지속적인 파급 현상으로서 발생한다. 변화로 인해 또 다른 변화가 중첩된다.

직원들에겐 이렇게 시기적으로 반복되거나 이미 겪은 바 있는 변화에는 굳이 변화라고 할 것도 없이 자연스레 적응이 되어 있기도 하지만, 회사 차원에서 "자, 이제 이렇게 바뀌어야 합니다."라고 무언가를 내세울 때면 본능적으로 불안과 긴장감을 느낀다. 두렵다는 표현 대신에 여러 이유를 들며 불만이나 우려의 목소리를 내는 것은 모든 변화의 과정에서 예외 없이 발생하는 프로세스이기도 하다.

긍정적이라도 '변화'는 언제나 스트레스

1967년 정신과 의사 토마스 홈즈Holmes와 리처드 라헤Rahe는 5천 명이 넘는 환자들의 진료기록을 연구한 끝에 일상생활에서의 스트레스 척도를 아래와 같이 분류하고 질병과의 상관관계를 연구했다.

항목	충격 정도
배우자의 죽음	100
이혼	73
교도소 수감	63
가족의 죽음	63
자신의 부상이나 질병	53
결혼식	50
해고	47
별거	45
별거 후 재결합	45
은퇴	45
가족의 건강 악화	44
임신	40
성생활의 문제	39
새로운 가족구성원이 생김	39
사업상 재적응	39
재정적 상태의 변화	38
가까운 친구의 죽음	37
다른 부서로의 배치	36
배우자와의 불화	35
거액의 부채	32

부채 압류가 들어올 때	30
직책 변화	29
자식 출가	29
시집 또는 처가식구와의 갈등	29
뛰어난 개인적 성취	28
배우자의 취직 혹은 퇴직	26
입학과 졸업	26
생활환경의 변화	25
생활 습관 개선	24
직장상사와의 갈등	23
근무 시간 및 근무 조건 변경	20
이사	20
전학	20
취미활동의 변화	19
종교활동의 변화	19
사회활동의 변화	18
소액의 부채	17
수면습관의 변화	16
가족 모임 횟수의 변화	15
식사 습관의 변화	15
방학	13
크리스마스	12
가벼운 법규위반	11

일생에서 가장 스트레스 강도가 높은 것은 배우자의 죽음이었고, 이 최고점을 기준으로 총점이 150~199점이면 질병 발생률은 33퍼센트 미만이지만, 200점 이상일 경우 질병이 발생할 확률이 무려 50퍼

센트까지 치솟았고, 실제로도 병을 앓고 있거나 1년 안에 50퍼센트가 병에 걸렸다. 300점이 넘으면 85퍼센트까지 발병의 위험을 갖고 있을 가능성이 있다는 결과를 얻었다.

이 척도를 통해 이혼이라는 경험은 교도소 수감, 가족의 죽음, 본인의 질병보다도 더 큰 스트레스가 된다는 것을 알 수 있다. 이를 통해 해고, 부채, 상사와의 갈등 등 부정적인 사건들의 스트레스 순위가 어떻게 되는지도 유추해 볼 수 있다.

변화관리 차원에서 주목해야 할 것은 스트레스 상황은 부정적인 사건에서만 발생하는 것이 아니라는 것이다. 결혼은 직장을 잃거나 가족 구성원이 병을 앓는 것보다도 더 큰 스트레스를 받는 사건이고, 승진, 입학, 졸업, 개인적 성취 등 좋은 일에도 적지 않은 스트레스가 발생한다는 것이다. 또한 취미, 종교, 사회활동, 이사, 전학 등의 변화에서도 역시 스트레스가 발생한다. 해고(47)를 당한 것이나 자발적인 은퇴(45)를 한 것이나 스트레스를 받는 것에는 거의 차이가 없었다는 점도 주목할 만하다.

또한 변화는 하나의 사건이 아니라 동시다발적으로 일어나고 이에 따른 스트레스도 가중된다. 시댁 식구와의 갈등(29)으로 다투기 시작해서 별거(45) 끝에 결국 이혼(73)을 했다가 재결합(45)을 했다 해도 갈등이 봉합된 것으로는 보이지만 이 과정을 통해 많은 스트레스를 받았다는 것이다.

PART 6 스마트워크 도입 전에 알아야 할 것들 직장에서 출퇴근 시간이나 연봉 등의 근무조건(20)으로 상사와의 갈등(23) 끝에 부서를 이동(36)했다가 결국 회사를 옮겼다면(39) 더 좋은 직장으로 옮겼다는 사실에 겉으로는 축하를 받겠지만 이 과정에서 큰 스트레스를 받았다는 것을 눈 여겨 봐야 한다.

변화주도는 리더의 책임이 아니라 특권

조직에서 혁신이나 변화가 시작되면서 성공적인 변화로 연착륙하기 위한 필수 조건을 이야기할 때 예외 없이 등장하는 이야기가 있다. 바로 임원, 사업부장, 팀장 등 리더 계층의 솔선수범이다. 이들은 이런 강요 아닌 강요에 대해 대놓고서는 불만을 드러내진 못하지만 사적인 자리에서 이렇게 불만을 토로한다.

"직책 보임자가 무슨 죄인이냐? 봉이냐? 매번 이런 일 생길 때마다 알아서 총대 메라고 하는데 무슨 일을 어떻게 해야 할지 제대로 가르쳐 주지도 않으면서 그저 솔선수범하라는데 답답하다."

사실 그렇긴 하다. 뭘 언제 어떻게 무슨 일을 통해 리더들이 솔선수범을 해야 하는 건지 상세한 매뉴얼이 없기도 하지만, 무엇보다도 결정적인 요인은 이들에게 동기부여를 하지 못했다는 것이다.

한 직원이 부서를 옮기려 고민하고 있다. 친한 동료나 그 밖의 여러 경로를 통해 그 부서에 관한 정보를 수집할 것이다.

'그 부서는 야근이 많다. 야근이 많은 이유는 여러 요인이 있지만 업무시간에 회의를 하루 종일하기 때문이다. 보고서에도 목숨을 건다. 특히 경영층 보고가 걸리면 업무를 전폐하고 며칠간 밤을 새워서 보고서 쓰는 것을 당연한 걸로 알고 있다. 그 부서는 회식을 자주 하진 않지만 보고가 끝나는 날은 꼭 한다. 밤새 보고서를 쓰고 피곤한 상태지만 반드시 회식을 가는데, 모든 팀원이 2차 이상 가야만 끝이 난다. 그래도 고생하는 만큼의 보람은 있다. 해당 임원과 부서장이 같은 학교 선후배라 평가에서 불이익을 받는 경우가 거의 없었다.'

자, 이것이 과연 그 부서의 정보라고 볼 수 있을까? 이건 고스란히 그 부서의 리더 개인의 성향이자 일하는 방식을 말해주는 정보일 뿐이다. 회의를 소집하고 회의 종료를 결정하는 것, 보고서의 방향을 정하고 완결을 결정하는 것, 회식 소집과 주종 결정, 끝내는 시간 모두 리더의 권한이자 역할이기 때문이다. 해당 임원과의 리더의 인간적 관계까지도 그 부서의 평가는 물론 심적인 안정감까지 좌우하는 게 현실이다.

부서의 분위기나 일하는 방식은 리더가 누구냐에 따라 천양지차로 차이가 날 수밖에 없다. 잠자는 시간을 제외하면 같은 집에 사는 식구들보다도 더 많은 시간을 보내고 더 대화가 오가는 사람이기에 조직원들의 습관이나 성향까지도 영향을 미칠 수 있는 게 리더의 영향력이다.

리더의 특권 중 하나는 '변화를 명령할 수 있다'는 것도 포함된다. 리더는 팀원들에게 회사 차원에서 도입하는 새로운 변화에 대해 적극적인 참여를 독려할 수 있지만, 팀원이 나서 팀장에게 왜 변화에 그리 소극적이냐고 따지거나 혼자만의 의욕이나 실천으로 부서 전체를 변화시키기는 거의 불가능하다.

회사 차원에서 모두가 일정관리를 등록하고 다른 사람들도 볼 수 있게 공개하자고 했을 때 A부서는 부서장이 먼저 일정등록을 하고 그 일정에 따라 별도의 메일이나 문자메시지 없이 회의를 소집하면 부서원들은 아무런 고민이나 저항 없이 일정을 등록하고 다른 사람의 일정을 잘 살펴볼 것이다.

반면 B부서의 부서장은 일정관리를 거의 활용하고 있지 않아서, 팀원들이 일정관리 프로그램을 통해 미리 보고 일정을 정한 것이 무용지물이 되는 일을 몇 번 겪게 된다면 부서원 전부가 변화에 동참했을지라도 리더의 불참으로 인해 얼마 못 가서 변화에 대한 열정은 흐지부지 사라질 것이다. 부서원들의 변화를 이끌어내는 역할이 그저 피곤한 리더의 의무와 책임이라고 '징징'댄다면 그 사람을 당장 그 일에서 해방시켜주는 것이 필요하다.

이와는 반대로 아무런 직책이 없지만 변화의 시기에 남보다 앞서는 것만으로도 멋진 기회를 얻는 경우를 종종 봐왔다. 부서에서 한 명씩 부서 변화관리 담당자로 지목돼서 교육을 받았지만, 대부분은 부서에서 형식적인 구색만 갖추는 것에 그치고 마는 게 대부분이다. 하지만 누군가는 부서장이 스마트워크 시스템 활용에 대해 머뭇거릴 때 도움을 주고 그로 인해 부서원들이 모두 잘 참여할 수 있도록 교육할 기회를 부여받기도 한다. 또 다른 누군가는 기본적인 참여조차도 하지 않아서 부서 평가에 걸림돌이 되어 눈총을 받고 만다.

변화를 주도하는 역할은 리더의 특권이며 조직 내 위치를 말해주고, 만들어주기도 한다. 주어진 업무는 누구나 하게 되어 있다. 누가 평소 열정적이고 긍정적인가를 파악하고 싶다면 새로운 변화를 적극적으로 맞이하는 직원을 눈여겨 보면 된다.

며칠, 또는 몇 주간의 변화관리 담당자 양성교육과정을 마치면서 나는 꼭 이렇게 끝 인사를 한다.

"여러분, 변화를 주도하는 역할은 크나큰 특권이자 무기입니다. 이를 통해 꼭 출세하시길 바랍니다. 그 결과를 꼭 확인하겠습니다."

변화관리는 마라톤과 같은 장기레이스

스마트하게 일하기 위한 새로운 시스템과 제도를 도입하면서도 예전과 다를 바 없는 변화관리를 해나간다면 본 게임을 시작해 보기도 전에 직원들의 마음을 차갑게 식어버리도록 만들 것이다. 변화관리야말로 스마트한 변화가 필요하다. 모든 새로운 것을 도입하는데 수반되는 변화관리는 마라톤과도 같다. 변화를 맞게 되는 '사람'의 입장에서 겪게 되는 감정의 변화를 최소화하는 것이 변화관리의 핵심이다.

이것을 위해서는 전략과 체계적인 방법론이 필요하고, 변화가 시작된 이후에도 장기적인 관점에서 관리를 해줘야 한다. 2000년대 초반부터 스마트워크를 도입한 네덜란드는 직원들의 일하는 방식이 스마트 환경에 제대로 적응하는 데는 최소한 1년에서, 길게는 5년까지 소요된다고 했다. 스마트한 변화관리를 위해 고려해야 할 사안은 다음과 같다.

① 변화관리 담당자 선정의 의미와 중요성

모든 직원이 동시에 새로운 변화에 대해 교육을 받을 수도, 익숙해질 수도 없다. 조직마다 변화를 먼저 경험하고 전파하는 얼리어답터를 육성해서 마라톤 레이스의 페이스 메이커 역할을 해주어야 한다. 전사 변화관리를 리드하는 담당자를 미리 선발함으로써 주관부서와 현업부서 간의 커뮤니케이션, 직원 교육, VOC 청취, 자료 조사, 직원 독려를 직간접으로 수행하여 성공적인 변화를 이끌어 내도록 한다.

변화관리 담당자로서의 최선의 자질은 그 사람의 태도Attitude다. 연령층을 고려해 한정하면 안 된다. 그보다는 그가 어떤 태도를 가지고 있는지를 살펴봐야 한다. 평소에 열정, 관심을 가지고 있는 사람이면 충분하다. 굳이 특별한 주제의 전문가가 아니어도 상관없다.

외부 컨설턴트도 도움이 되기는 하지만 그가 팀을 지배해서는 안 된다. 직원이 직원을 변화하라고 설득하는 것이 부담된다고 모조리 외부인으로 구성한다면 직원들은 개혁이 사내의 필요성에 의해 태동된 것이 아니라고 생각하기 쉽다. 마찬가지로, 새로운 변화에 대한 불평이나 막연한 거부감을 드러내는 것도 직원이 아니라면 부담이 덜해지기 마련이다.

가장 이상적인 것은 팀 내에서 신뢰받고 인기가 있는 사람, 즉 영향력이 있는 사람이다. 공식 직책을 갖지 않았더라도 모범이 되는 오피니언 리더 역할을 하는 사람이 있기 마련이지만, 주관 부서에서는 이런 사람을 일일이 알 수가 없기 때문에 조직의 장을 통해 이런 사람을 선발해달라고 요청하는 것도 방법이다. 변화관리 요원 개개인의 연령은 제약이 없지만, 팀을 구성함에 있어서는 특정 연령대로 몰려있지 않는 것이 좋다. 그래야만 전사적 차원에서 볼 때 전 직원의 다양한 연령대를 커버할 수 있다.

또한 여러 지역에 사업장이 분산되어 있다면 변화관리 요원의 거주지도 고려하는 것이 좋다. 지역별 설명회와 부서별 교육을 시행할 때 원거리에서 출장을 가는 데 대한 시간적, 경제적 추가 부담뿐만 아니라, 같은 지역 출신으로서의 친밀감이나 전달력 또한 변화를 이끌어 내는데 긍정적인 영향을 미친다.

Point

변화관리 요원의 자질

- 긍정적이고 적극적인 태도를 인정받는 사람
- 평소 새로운 일에 열정, 관심을 가지고 있는 사람
- 팀 내에서 인기 있는 사람
- 애초부터 적임자를 찾으려는 노력이 가장 효율적인 투자

② 변화관리 담당자 선정 방식도 스마트하게

대개 부서별 변화관리자 선정은 주관부서에서 기간을 통보하고 기한 내에 선발하거나 자원자를 받는 방식이다. 대개 지원자가 있는 경우는 거의 없고 부서에서 가장 어린 직원에게 역할을 부여하는 경우도 많다. 문서관리 등 부서 내 공통 행정 업무를 전담하다시피 하는 직원이 있는 경우도 있다.

부서에 변화관리 담당자 선발에 관한 아무런 가이드라인을 제시하지 않고 그저 일임해 놓았다면 이렇게 선발된 담당자들의 활동이

248

유명무실한 것에 대해 왈가왈부할 자격이 없다. 각 부서별 관리자가 스마트워크에 관한 지식이나 할 일을 모르는 상태라면 적합한 담당자를 선발하거나 자원자의 자질을 판단할 확률이 낮을 수밖에 없었던 것이 당연했기 때문이다. 따라서 아래와 같이 변화관리자 선발에 관한 구체적인 선발 기준을 제시하는 일이 반드시 필요하다.

Tip

변화관리 요원 선발 가이드

1. 새로운 시스템 사용에 빨리 적응 할 수 있는 사람
어느 정도의 IT 감각을 갖춘 사람. 전공자가 아니더라도 의욕과 관심이 있다면 상관없다. 평소 IT 관련 기기에 욕심이 많은 데다 능숙하게 사용하고 있다면 충분하다.

2. 새로운 문화에 대해 거부감이 적은 사람
담당자의 성향에 따라 해당 부서의 나머지 직원들까지 영향을 받는다. 일례로, 해당 부서의 담당자가 스마트워크에 대한 관심도나 지식이 미흡하면 부서 전체가 영향을 받는다. 담당자가 부정적이면 해당 부서 직원들은 선택의 여지 없이 부정적인 생각을 갖게 된다.

3. 해당 부서의 업무 특성을 잘 알고 있는 사람
부서의 업무 특성에 따라서 스마트워크의 활용방향이 조금씩 다르기 때문에 부서 특성을 미리 파악하고 알려줄 수 있어야 한다. 다들 귀찮거나 바쁘다고 신참에게 역할을 미뤄서는 안된다.

4. 부서에서 어느 정도 목소리를 낼 수 있는 사람
직원들을 변화관리하기 위해서는 부서 내 직원들과 두루 친분을 갖추고, 의견을 전달할 정도가 되어야 한다. 시스템에 익숙하고 확신이 있더라도 부서 내에서 별 영향력을 발휘할 수 없다면 무용지물이 된다.

③ 변화관리 요원은 멀티 플레이어로 육성되어야

변화관리 요원은 교육 강의뿐만 아니라 실로 다양한 임무를 수행해 내야 한다. 교육기획, 교안작성, 프리젠테이션, 강의뿐만 아니라, 매뉴얼 제작, Help Desk Call 대응, 홍보자료 제작, 동영상 제작 및 편집, 인터뷰, 카운셀링, 코칭 등 수 많은 역할을 통해 직원들의 변화관리를 끌어내는 역할을 수행하여야 한다.

이런 역할을 잘 수행해내기 위해 필요한 요건은 다양한 스킬을 구비하는 것만이 아니다. 그에 앞서 긍정적이고 적극적인 마인드이다. 기술은 훈련과 경험을 쌓으며 습득, 발전시킬 수 있지만 올바른 태도와 인성을 갖춘 사람이어야만 가능하다.

현장에서 다양한 계층의 직원들을 만나야 하고, 부정적인 자세로 일관하거나 분노를 그대로 표출하는 직원들을 상대해서도 동요하지 않고 오히려 이들의 마음을 움직이는 변화를 이끌어내는 역할은 결코 쉽지 않다.

따라서 적임자를 애초부터 찾아야 하는 것이 최선이고, 부족한 부분은 사전에 이러한 역할을 예측하고 준비하는 것이 필수적이다.

④ 변화관리 담당자 양성교육 커리큘럼

변화관리 담당자는 설령 스마트워크를 위한 IT 시스템 사용법 전달에 가까운 교육일지라도 스마트워크나 해당 혁신 프로젝트에 관한 개념과 철학에 대해 간단하게라도 강의를 할 수 있는 수준으로 육성되어야만 한다. 물론 전문 컨설턴트와 같은 깊은 지식과 강의 내용을 요구하긴 무리지만, 시스템 설명에 앞서 간략한 개념 설명이 있는 것과 없는 것은 큰 차이가 있다.

개념 철학에 관한 설명이나 교육에 참가하지 않은 직원, 즉 동기부여가 되지 않은 사람들이 있는 경우라면 시스템 사용법 교육으로 바로 들어가면 효과를 기대하기 힘들다. 이미 동기부여에 관한 설명을 들었던 직원들이라도 간단히 리마인드를 하는 효과가 있으므로 이야기를 잘 전달하는 역량을 갖춰주는 것이 변화관리 담당자 양성 교육의 핵심이다.

또한 해당 기업 전반에 걸친 지식은 물론 제도, 사규, 기존 시스템, 사업부별 특성, 지역별 상황 등에 대해서 충분히 이해하는 것도 필요하다. 이를 위한 변화관리 요원들의 교육 프로그램은 아래와 같다.

02

각 시스템별 교육

　스마트워크는 최첨단 IT 기술과 기기를 활용한다. 시스템 개발자나 제공자로부터 사용법과 문제 발생 시 간단한 조치법 등에 대해 배워야 하고, 왜 이런 시스템을 도입했는지 어떻게 구성되었는지에 대해서도 알아야 한다.

　새로운 시스템에 대해서만이 아니라 기존 시스템과의 차이점과 달라지는 점을 비교해서 설명이 가능해야 한다. 직원의 입장에선 새로운 시스템이 도입되기 전까지 사용하던 것과 비교하기 마련이므로 아무리 새로운 시스템을 잘 알고 있더라도 이전 시스템에 대해 알고 있지 못하면 난감한 경우를 만날 수 있기 때문이다.

1 대 1 멘토링을 통한 집중 교육

변화관리 요원들을 각 시스템의 개발 PM들과 1 대 1로 매칭하여 심도 있는 시스템 학습을 하는 것도 매우 유용하다. 변화관리 요원 개인별 주특기를 계발하는 효과도 있고, 개발자는 마무리 단계에서 변화관리 요원들의 시각을 통해 일반 사용자 입장에서의 개발 아이디어와 고려사항을 도출하는 일석이조의 효과를 거둘 수 있다.

 뿐만 아니라, 각 시스템 담당자와의 1 대 1 멘토링은 변화관리 요원과의 유대감을 높일 수 있어, 본격적인 시스템 가동 시 봇물처럼 밀려드는 문의와 개선 사항에 대해 변화관리 요원과 개발진과의 원활한 커뮤니케이션과 협업에 결정적인 도움을 주는 효과를 기대할 수 있다.

사내강사 양성 교육

변화관리 요원들은 단순히 시스템 OA교육의 역할만을 수행할 예정이 아니라, 직원들의 일하는 방식을 바꾸는 목적으로 개발된 시스템 사용의 목적과 당위성을 설명하고 설득하는 역할을 수행할 역량이 필요하다. 시스템 설명에 앞서 스마트워크 시스템을 통한 변화모습을 설명하는 것은 물론 효과적인 오프닝, 주의환기, 교육생과의 소통 기법을 배워 단순하고 딱딱한 시스템 교육으로 흐르지 않도록 강의를 이끄는 역량을 습득하는 것은 매우 도움이 될 것이다.

이를 위해 전문 강사를 초빙해서 사내강사 양성과정 수업을 하는 것도 고려해 볼만 하다. 효과적인 오프닝, 스폿Spot 기법, 교육생 유형별 대처방안, 제스처 사용법, 강의교재 작성법, 랩업Wrap up 기법 등 전문적인 교수법을 훈련하고 대개 2~3일 정도에 걸친 프로그램이지만 여건상 8시간 이내로 실시하는 경우도 있다. 짧은 시간이라도 제공하는 것이 아예 안 하는 것보다는 비교할 수 없을 만큼 큰 효과를 거둘 수 있다.

물론, 이를 통해 변화관리 요원들이 모두 전문적인 강의 스킬을 완벽히 마스터할 수 있는 것은 아니다. 그러나 향후 반복적인 시스템 설명을 수행할 때 회가 거듭될수록 다양한 접근과 새로운 시도를 하며 진화할 기본기를 다질 수 있다. 회사나 교육생의 입장에서만이 아니라 변화관리 담당자 개인에게도 단순 반복을 거듭하는 전달자에서 전 직원을 설득하고 변화를 이끄는 비중 있는 역할을 수행하는 자부심과 책임감, 심리적 안정감을 갖게 하는 효과가 있다.

전문 서비스교육

변화관리 요원들에게는 전문적인 고객서비스 마인드도 반드시 필요하다. 전 직원을 상대로 온·오프라인 고객응대, 교육서비스를 제공할 뿐만 아니라, 경우에 따라서는 상황실에서 헬프 데스크 요원 역할을 수행할 경우도 있을 수 있기 때문이다.

　교육 내용은 개념적인 이야기를 전하는 서비스마인드 전문 강사보다는 해당 회사 시스템의 헬프 데스크 운영 부서나 아웃소싱을 한 경우 전문회사 직원을 초빙하여 실제적인 사례를 전해 듣는 것이 더 효과적이다. 고객서비스Mind-Set, 상황별 대응법, 블랙컨슈머 고객 대처법, 상황일지 작성요령 등에 대해 전문적인 교육도 받고, 허심탄회한 질의응답 시간도 가질 수 있다면 큰 도움이 된다.

03

변화관리 담당자 교육 시
알아야 것들

변화관리 요원 선발부터 난관에 부딪칠 수 있다. 여러 역할과 스킬이 요구될 뿐만 아니라 직원들을 직접 대면해야 하는 부담감을 느낄수 있기 때문이다. 따라서 변화관리 업무의 긍정적인 면을 변화관리요원들에게 우선적으로 잘 홍보하는 것이 필요하다. 여러 사업장과지역을 경험해볼 수 있고, 직원들의 일하는 방식뿐만 아니라 철학까지 변화시키고 리딩하는 특별하고 재미있는 기회라고 장점을 부각시키는 것이 효과적이다.

실제로 선진 기업에서 변화관리 스텝을 선발할 때는 자원자가 상당히 많다. 자신의 역량과 경력을 업그레이드할 절호의 기회가 된다는것을 잘 인식하고 있기 때문이다. 반강제적으로 등 떠밀려 선발된 변화관리 요원들이라면 이러한 역할과 가치를 더더욱 충분히 인지시키고, 세심하게 교육시켜야만 한다.

트레이닝 과정에서도 수시로 왜 이런 기술을 교육하는지 리마인드 시켜줘야 한다. 또한 변화관리 요원들이 교육 중에 지루함이나 거부감을 보일 때 이러한 상황을 기민하게 파악하고 이를 잘 극복하는 과정을 그들에게 설명하면서, 향후 피교육생에서 교육전달자로 입장이 바뀔 그들에게 학습 효과를 갖도록 하는 것도 효과적인 방법이다.

Point

변화관리 담당자 양성 교육의 포인트

- 교육 내용도 중요하지만 교육 기간 내내 흥미를 유발시켜야 한다.
- 변화관리 활동의 긍정적인 면을 홍보하라.
- 반복 학습을 통해 왜 변화관리 교육을 받는지 항상 인식하게 하라.

변화관리 담당자의 어려움

외부 컨설턴트가 아니라, 직원이 직원을 상대로 변화를 설득한다는 것은 상상만으로도 숨 막히는 일이다. 더욱이 연령과 경험이 많은 직원이나 경영층을 상대로 일하는 방식을 바꾸라고 하는 역할은 아무리 뛰어난 외부 컨설턴트라고 해도 결코 만만히 볼 수 있는 일이 아니다. 경영층의 누군가가 내리는 평가 한마디로 교육의 모든 결과가 평가되고 분위기를 제압당할 수 있기 때문이다.

그렇다고 경영층이 함께 하지 않은 채 직원들만을 상대하는 경우가 수월하다고 볼 수도 없다. 오히려 거침없이 질문을 던지고 큰 목소리로 불만을 표출하는 경우가 있기 때문이다. 실제로 교육이 막 시작되려는데 맨 앞에 앉은 사업부장이 불쑥 나서서 "강의가 언제 끝납니까?"라는 질문을 던져서 시작부터 교육에 찬물을 끼얹은 경우도 있었다. 여자 사내강사의 경우 목소리가 작아서 들리지 않는다는 이야기를 연거푸 해대서 눈물을 글썽거릴 정도에 이른 적도 있다.

이런 경험으로 인해 많은 사내 강사들이 두 번 다시 남 앞에서 이야기하는 것을 꺼리거나 아예 중단하는 경우도 많다. 다시 서더라도 극복하기 위해 많은 시간이 필요하기도 하다. 적지 않은 경험이 있다고 나름대로 자신 있었던 강사도 오히려 그것이 걸림돌이 되는 경우도 있다. 능숙하게 강의를 진행한다고 인정받았던 강사가 어느 날 강의가 끝난 후 '말투가 너무 피상적이다, 성의가 없다, 직원들에게 너무 세게 강요를 해서 거슬린다' 등의 지적을 받고 큰 좌절감에 빠지는 것을 보았다. 성희롱에 가까운 짓궂은 발언에 대해 나이 어린 사내 강사는 큰 충격을 받기도 했다. 물론 사후에 해당자와 직속 상사를 통해 경고 조치가 내려졌고 사과를 받기도 했지만, 그 강사는 이미 의욕과 용기를 잃은 뒤였다.

그렇다면 어떻게 해야 이러한 실패와 개인적인 좌절을 예방하고 최소화할 수 있을까? 가장 중요한 것은 충분한 예행연습이다. 강의 콘텐츠와 사전 정보, 관련 지식, 발표력 등에 대해 아무리 준비를 했더라도 사전 리허설을 통해 종합적인 점검과 보완을 반복해야 한다. 빈 강의실에서 혼자 연습한 것은 전혀 리허설로 볼 수 없다. 한두 명이라도 청중을 두고 입장, OA 시스템 점검 및 작동, 첫 인사말, 자기소개, 강의, 질문 대응 등에 대해 종합적인 점검을 통해 단점을 찾고 이를 보완해야 한다.

예행연습에 동원된 청중은 격려하는 역할은 아예 접고 신랄하고 거친 지적을 퍼부어야 한다. 첫 강의에 나서기 전 몇 번의 사전 리허설을 거쳤는지가 강사의 레벨을 결정짓는다고 볼 수 있다. 안 한 것과 한 번 해본 것의 차이만큼이나, 10번한 사람이 11번 해본 것도 큰 차이가 난다는 얘기를 꼭 해주고 싶다.

이런 과정을 통해 훈련되었다고 해서 바로 강단에 서는 것도 아니다. 다른 사람의 강의를 최소한 10번 이상 들으며 모니터링을 해야 한다. 지적 받던 입장에서 다른 사람의 장단점을 잘 찾기 위해서도 역시 본인의 사전 리허설 경험이 중요할 수밖에 없다. 본인이 찾은 장단점을 다른 강사 후보 교육생들의 관점과 비교해보면서 안목을 넓혀야 한다.

첫 강의를 할 때도 처음부터 시작과 끝을 다 맡는 건 무리다. 강의 중간에 일부 파트를 설명하는 것으로 시작하는 것이 좋다. 그 짧은 강의를 통해서 실전에서 느낀 부족함을 철저히 보완한 후 전체 강의에 나서는 것이 필요하다.

첫 강의는 대상자를 전략적으로 선정하는 것도 필요하다. 높은 직급보다는 신입사원 도입교육이나 적은 인원을 대상으로 정하는 것이 교육생과 강사 모두에게 위험부담이 적다. 하지만 시작부터 부담되는 계층 앞에 서게 된다고 해서 두려워할 필요는 없다.

오히려 '오늘 처음 사내 강사로 앞에 서는 것이니만큼 떨리고 서툴지만 좋게 봐 달라'고 먼저 다가간다면 뜨거운 격려를 보내주기 마련이다. 열에 아홉은 감동적인 데뷔로 끝을 맺지만, 어처구니없는 준비 부족을 드러내며 자책하는 안타까운 경우도 있다. 왜 좀 더 사전 준비를 하지 않았을까, 후회하지만 이미 치료가 불가능한 정도의 중상을 입은 뒤였다.

첫 강의를 치른 후 어느덧 강의가 익숙해진 후라고 해서 마음을 놓아서는 안 된다. 오히려 그때부터가 교육을 통해 충격과 상처를 받을 일이 기다리고 있기 때문이다. 강사가 전문성을 가질수록 수강생들은 이에 걸맞은 질문을 던지기 마련이고, 이를 극복하기 위해서는 그간에 나왔던 질문들에 대해 빠짐없이 준비를 해야 한다. 근본적인 역량을 위해서는 전문 서적과 웹 서핑 등을 통해 지식을 쌓아야 한다. 모든 강사들의 숙제이고 의무이기도 하다. 실제로 책에 별 관심이 없었던 20대 후반 여직원이 강의를 하게 된 후 책 사는 비용이 너무 많이 들어간다며 불평하면서도 얼굴에 자부심이 가득하던 모습이 기억난다.

04

변화관리 성공을 위한
커뮤니케이션 가이드

① 변화관리는 빠르면 빠를수록 성공 확률이 높다

시스템 개발이나 도입이 거의 완성 될 무렵에서야 변화관리를 시작하는 것으로 착각하면 오산이다. 시스템 도입에 착수하기 전에 이미 변화관리는 시작되어야 한다. 초기 제안 단계에서 경영진들에게 어떤 것이 스마트하게 일하는 것인가에 대한 개념과 철학을 설명하는 것부터 변화관리는 시작된다. 변화관리를 즉시에 시작하기 위해 각 부서별 변화관리 요원을 미리 선발해 놓거나, 기존에 부서 퍼실리테이터, 문서관리 담당자, 행정담당자, 교육담당자 등을 파악해 놓는 것만으로도 향후 진행에 큰 도움이 된다.

② 'Train the trainer' 방식으로 변화관리 요원을 육성하여 활용

모든 직원을 변화관리 전담 부서의 요원이 교육하는 것은 많은 시간과 인력, 비용을 소모할 수밖에 없다. 퍼실리테이터나 부서별 자체 변화관리 요원을 양성해서 이들을 통해 사용자 조직별로 교육되고 확산되도록 활용하는 방안을 마련해야 한다. 단순히 이해하는 것에서 남을 가르치는 역할은 그야말로 하늘과 땅만큼의 차이가 있다. 철두철미하게 이해하고 준비하는 과정에서 전문가로 변모하게 된다. 회사 차원에서는 강의에서뿐만 아니라 부서별 얼리어답터가 확보된 셈이고 든든한 지원군을 확보한 효과가 있다.

교육생의 입장에서도 잘 모르는 주관부서의 누군가가 이야기하는 것보다 부서 내 동료가 먼저 체험하고, 후기처럼 동료들에게 설명하는 것이 더 설득력을 얻을 수 있다. 적어도 맹목적인 반발은 없을 것이고 부족한 점이 있더라도 쉽게 양해를 해주기 마련이다.

③ 교육자료 원 채널화

변화관리 교육과 관련된 모든 자료들을 체계적으로 관리하는 것도 매우 중요하다. 스마트워크 변화관리 교육은 최소 수개월에서 길게는 1년 이상 진행되는데다가, 업무와 관련한 각종 시스템을 모두 포함하고 있기 때문에 방대한 교육 자료가 생성된다. 그러므로 처음부터 자료를 엄밀히 정리·분류해야 하고, 사전에 자료 분류체계를 구조적으로 카테고리화해야 한다.

④ 계층별 효율적인 트레이닝 방안

스마트워크 시스템은 모든 직원들에게 동일하게 제공되지만, 그렇다고 모든 직원에게 동일한 교육방식이나 커리큘럼을 적용할 수는 없다. 임원, 임원비서, 직책 보임자, 일반직원, 부서별 퍼실리테이터, 외주직원 등 각 계층별 교육을 마련해야 한다.

1) 임원

1 대 1 코칭방식으로 한다. 임원들은 2~3시간을 할애해서 교육에 임할 여건이 안 된다. 집합교육 방식으로 여러 임원들을 교육장 한곳에 모으는 것도 거의 불가능하다. 개인별로 원하는 시간에 방문해서 틈틈이 교육을 하는 것이 현실적이면서도 효과적이다. 기존에 임원들의 PC 교육을 담당했던 부서나 담당자와의 사전 협력도 필요하다. 이들을 통해 교육 일정을 잡거나 교육 시에 동행하여 향후로는 이들을 통

해 서비스를 제공받도록 함께 교육이 이루어져야 하는 것도 관건이다.

2) 직책 보임자

직책 보임자는 집중 교육 대상이다. 이들은 경영층과 직원들 사이에서 업무지시, 전달, 진행 관리, 평가 등을 담당하고 있어 각종 시스템에 관한 사용법은 물론 시스템이 추구하는 목적, 효과성을 누구보다도 잘 이해하고 있어야 하기 때문이다. 이들은 최소 4시간 이상의 집합교육을 통해 사용법은 물론 스마트워크 시스템의 장점과 개념 등에 대해 언제라도 명료하게 설명할 수 있도록 '엘리베이터 스피치'와 같은 훈련을 통해 교육되어야 한다.

3) 퍼실리테이터

퍼실리테이터도 직책 보임자와 같이 매우 중요한 역할을 하기 때문에 집중 교육 대상이다. 이들은 직책 보임자와 같이 스마트워크 시스템의 개념과 장점을 설명할 수도 있어야 함은 물론이고, 더 상세히 시스템에 대해 꿰뚫고 있어야만 한다. 소속 부서에서 시스템 교육까지 담당할 수 있도록 심화된 교육을 지원하여야 한다.

4) 일반직원

직원들은 부서별, 지역별 설명회 등을 통해 전반적인 교육을 받고, 부서별 퍼실리테이터를 통해 교육을 받거나, 부서별 찾아가는 교육(스마트워크 시스템 데이SWP Day)을 통해 교육의 기회가 있다. 또한 스마트워크 시스템 게시판, 이메일, 팝업 등 온라인 콘텐츠를 통해 교육의 기회를 갖는다. 이러한 방식을 통해 교육되는 대다수 직원들의 교육 수준을 잘 파악하여 교육 횟수, 콘텐츠 제공의 효율적인 방식 등을 정하는 것이 관건이다.

5) 임원비서

임원 교육은 1 대 1 코칭 방식으로 진행하지만 비서들은 퍼실리테이터와 같은 방식으로 체계적인 집합 교육을 통해 철저히 교육되어야 한다. 최고 결정권자인 임원들이 시스템을 잘 몰라 회사나 부서전체에 혼란한 순간이 발생하지 않기 위해서는 1차적으로 임원들의 궁금증을 풀거나 조치를 취할 수 있는 비서들이 잘 교육되어야 한다.

6) 외주직원

외주직원들도 업무 수행을 위해서는 직원들과 동일하게 시스템에 접속하고 사용해야 한다. 물론 사용범위는 제한적이지만 오히려 이들이 어떤 기능을 사용할 수 있고 사용할 수 없는지 명확히 아는 것이 필요하다. 스마트워크에 관한 개념과 철학도 짧게라도 교육되어야 한다.

⑤ 변화관리는 감정과 이성이 모두 만족해야 성공

직원들이 기능에 대해서는 완벽하게 이해를 했는데, 왜 해야 하는지에 대해 공감하지 못한다면 실패다. 아무리 완벽한 논리와 필요성을 잘 설명한다 하더라도 직원들의 가슴에 불씨를 심어놓지 못하면 아무리 기름을 부은들 변화의 불길이 일어날 수 없다.

직원들 입장에선 어차피 새로 바뀌는 시스템이나 제도를 자발적이든 울며 겨자 먹기든 간에, 회사의 방침대로 따라갈 수밖에 없는 상황이다. 가장 쉬운 방법은 사장님이나 임원 등 고위층을 모셔놓고 직원들에게 '이것은 경영층의 지시 사항'이라고 전달하면 아무도 이의를 제기하지 않는다. 어차피 변화를 요구하는 주최측이 이기는 게임일 수밖에 없고 직원의 입장에선 '그냥 할래, 맞고 할래?'와 같이 느껴지는 순간일 수도 있다.

물론 그런 '쉬운 길'을 택해서는 안 된다. 적어도 스마트워크로의 변화를 요구한다면 말이다. 직원들에게 이렇게 다가가는 회사라면 대외 사업에 대한 역량도 매우 문제일 수밖에 없다.

그렇다고 그저 동영상 몇 개 보여주고 재밌는 분위기로 접근하라는 것이 해결책은 아니다. 이해를 시키는 것은 쉬우나 "이걸 내가 왜 해야 하지?"라는 부분을 설득하는 것이 관건이다. 그리고 이것은 그리 말처럼 쉽지도 간단하지도 않은 사안이다. 아직 시행해보지도 못한 제도나 시스템에 대해서 어떤 영향이 발생할까를 철저히 예측하고 검증했을 때만이 가능한 일이기 때문이다.

또한 사람마다 다르게 느낄 수 있기 때문에 '왜 써야 하는지, 쓰면 어떤 이점이 있는지'에 관한 가이드를 제시할 때도 계층별, 지역별, 사업부문별로 구분해서 접근해야 한다. 커뮤니케이션을 할 때 사람, 지역, 직급, 직무마다 느끼는 포인트에 따라 차별화하여 제공을 해야 한다. WIIFM(What Is It for Me?)를 항상 염두에 두어야 한다.

Tip

**Fun 요소가 있으면 변화에 대한 촉매제 역할을 하며,
이 차이는 매우 중요하다.**

본인이 이 변화에 동참하고 있다는 인식을 심어주고 이를 재미있게 인식시켜주면 긍정적인 감정을 갖게 되고, 이는 변화관리를 더욱 쉽게 만들어준다. 구글에서는 '구글 가이드Google Guide'가 배트맨, 슈퍼맨 복장을 입고 있어서 직원들이 쉽게 다가갈 수 있도록 했다.(물론 이는 회사 문화에 따라 조절 가능해야 함.)

---

⑥ 변화된 후의 모습을 상상하게 하라

"이런 시스템들이 이러 이러한 기능을 가지고 가동합니다."라고 알려

주는 것은 50점짜리 커뮤니케이션이다. "이 시스템들을 통해 여러분들의 일하는 방식이 이렇게 바뀝니다."는 80점짜리이고, "이 시스템들을 통해 당신의 일하는 방식이 이렇게 바뀌며, 이로 인해 당신에게는 이러한 장점들이 있습니다."가 만점짜리다. 이렇게 구체적으로 이야기를 해줘야 직원들을 만족시킬 수 있다.

변화의 모습은 최대한 구체적으로 보여줄수록 좋다. 그러기 위해서 미래의 모습에 대해 스토리를 만들고 카툰도 그리고, 이를 토대로 동영상을 제작하기도 한다. 가상의 상황을 설정해서라도 새로운 변화로 인한 미래를 상상할 수 있게 만드는 것이 필요하다.

⑦ 이전에 경험했던 변화를 떠올리도록 하라

인간은 본능적으로 변화에 저항한다. 변화를 내세울 때 긍정적인 면이 훨씬 많은 변화조차 직원들이 위험으로 인지하고 감정적으로 대응한다. 저항을 극복하려면 변화에 대한 심리적 부담을 극복해야 한다. 이를 위한 첫 번째 해결책은 다가오는 변화에 대해 예측 가능하도록 마음의 준비를 시키는 것이다.

269

⑧ 사람들이 알고 있는 것과 연결시켜라

사람은 항상 과거를 생각하게 된다. 그래서 나는 변화를 설명할 때 항상 과거의 것과 비교하여 설명해주곤 했는데, 이 때문인지 직원들이 마음의 준비를 할 때 훨씬 안정적으로 변화를 받아들이는 경향을 보였다. 예를 들면, "지금 사용하고 계시는 메일 시스템에서 이러이러한 기능이 앞으로는 이렇게 바뀝니다!"라고 서두를 띄우고, 직원들이 이해를 하고 받아들이는 것 같으면, 그때 "앞으로 바뀌는 기능은 과거에 비해 이런 점이 더 좋습니다!"라고 비교를 해서 설명을 해줬다.

이전의 성공적인 사례와 비교하여 내가 이야기하고 있는 변화가 이와 유사하다는 것을 설명해줬다. 또한 누구나 알고 있는 글로벌 회사의 벤치마킹 사례를 설명해주고 이 회사의 성공 사례에 대해서 강조했다. 그리고 이러한 사상과 개념을 우리 회사의 시스템에 녹여 이 시스템을 활용하면 이러한 성공 사례와 같이 변화할 수 있다고 설명했다.

⑨ 깜짝 놀라게 만들지 마라

직원들에게 가동 전후로 변화가 있을 때마다 사전에 반드시 예고해줬다. 중요한 단계마다 직원들에게 정보를 공유했으며, 사전에 정보가 공유되면 직원들이 변화에 대해 계획을 세우고 그 상황에 대처할 수 있도록 해줬다.

이러한 전달의 매체는 앞에서 설명했던 것처럼 메일이 될 수도 있고, 팝업이 될 수도 있고, 설명회가 될 수도 있다. 또한 전달의 내용은 시스템 가동이 될 수도 있고, 설명회·교육 등의 안내가 될 수도 있고, 시스템 개선 내용이 될 수도 있다. 항상 정보를 공유하고 반응을 모니터링하여 피드백해줬다.

선진기업의 변화관리
관련 Q&A

Q1. 변화관리 요원들이 Fun한 요소를 통해 수행을 할 때, 어려움은 없었나? 어떻게 독려했나?

(답변) We need to choose right one. 적임자를 애초부터 찾아야 한다. 대부분 자원을 받는다. G사의 경우엔, 특별하고 재미있는 기회라고 생각해서인지 자원자가 상당히 많다. 변화관리 요원들에 대해서 역할을 충분히 인지시키고 충분한 교육을 시킨다.

Q2. Fun 요소에 대해 다소 부정적일 수 있는 팀 리더급 이상은 어떻게 변화관리를 하나?

(답변) Everyone likes fun. G사는 변화관리 요원의 역할이 그래서 굉장히 중요하며, 다양한 분야와 파트에서 지원자를 받는 것도 이 때문이

다. 그리고 직책 보임자의 경우에는 정보를 끊임없이 제공해주고 오너십을 가질 수 있도록 해줘야 하며, 또한 상위 경영진의 스폰서십을 활용하는 것이 가장 효과적이다.

Q3. 적합한 변화관리 요원을 선발하는 기준이 따로 있는가?

(답변) 그 사람의 태도가 중요하다. 연령층으로 구분하면 안 되고 어떤 태도를 가지고 있는지, 평소에 열정, 관심을 가지고 있는 사람인지가 중요하다. 특별한 주제의 전문가가 아니어도 좋다.

가장 이상적인 것은 팀 내에서 인기가 있는 사람, 즉 영향력 있는 사람이 적합한 사람이 될 것이다. 사실 이런 부분을 알 수가 없기 때문에 조직의 장을 통해 이런 사람을 선발해달라고 요청하는 것도 방법이다.

Q4. 변화관리 수용도 측정에 대한 측정지표나 분석하는 방법론이 따로 있는가?

(답변) 분석하는 기법이 따로 있는 것은 아니지만, 스마트워크를 아는지, 왜 해야 하는지 등의 기본적인 질문을 토대로 한다. 이것에 대해 사용자의 변화수용도에 대한 성공여부의 판단 기준도 구글의 경우에는 통상 85퍼센트 이상은 성공, 이하는 부족이라고 판단한다.

Q5. 변화관리 수용도 측정은 프로젝트를 진행하면서 보통 몇 번 진행을 하게 되나?

(답변) 핵심 IT 담당자(아주 소수의 프로젝트 관련자) → 얼리어답터(가동 한 달 전에 선정된, 전체 사용자 대비 5퍼센트 정도의 얼리어답터) → 일반 사용자(가동 이후) 대상으로 보통 3단계로 진행을 하게 된다.

Q6. 변화관리자의 역할이 정확히 어디까지인지 궁금하다. 상시적인 피드백도 주는가?

(답변) 고객사마다 차이가 있다. 일회성 역할이 제한적으로 보인다면 가동 전까지 사용자들의 질문을 받아들이는 정도이다. 하지만 가동 이후까지도 지속적으로 지원을 할 수 있는 역할을 하는 것이 효과적이다. 변화관리 담당자들이 해야 할 역할을 처음부터 명시적으로 정해주는 것이 중요하다. 구글의 경우 담당자들이 표가 나도록 티셔츠나, 모자를 쓰고 다니면서 쉽게 직원들이 질문하고 도움을 구할 수 있도록 했다.

Q7. 선진사를 기준으로 보자면 변화관리 담당자들이 소극적인 경향이 강한데, 자발적으로 움직일 수 있도록 하는 스킬이 따로 있는지?

(답변) 인센티브가 있어야 한다. 평가에 반영이 되어야 하고 잘한 사람에게는 추가적인 보상이 따른다. 뿐만 아니라 추가적인 매력 포인트

들을 제공해주면 더욱 도움이 된다. 활동 준비과정에서 담당자들이 회사에서 귀하게 대접받고 존중받는 느낌을 받아야 한다. 선발된 자체만으로도 자부심을 느낄 만큼 개인역량 향상에 관한 교육과정을 제공하면 우수한 인재들이 몰릴 수밖에 없다.

개인의 생활과 미래가 상상하지 못했던 여러 방향으로 전개되고, 이로 인해 기존의 질서가 속절없이 무너지기도 한다. 우리는 이러한 새로운 생활양식이 예측할 수 없이 일어나는 변화의 시대에 살고 있다.

우리들은 이 시대가 얼마나 불확실하고 불안정한지를 본능적으로 잘 알고 있다. 정치, 사회, 경제, 국제정세는 물론이거니와 도무지 원인을 알 수 없는 이유로도 집값, 유류비, 주식 등 경제 변동이 일어나는 것에 대한 불안감이 일상화된 채 살고 있다.

하지만 아이러니하게도 인류 역사상 지금처럼 광범위한 계층의 사람들이 평등한 자격으로 교육을 받으면서 수준 높은 정보로 무장했던 때는 없었다. 컴퓨터가 집집마다 한 대씩 보급되는 것이 국가적인 비전이었던 때가 불과 십수 년 전이었는데 이제는 모든 국민이 손 안에 노트북을 갖고 다니는 지경에 이른 것이다. 10명 중 8명 이상이 스마트폰을 사용하고 있고 이는 전 세계에서 가장 앞선 수치이다. 다른 면에서도 한국 경제는 역사상 가장 높은 지표를 연일 갱신하고 있다.

그렇다고 해서 이러한 상황이 개개인의 풍요와 삶의 질을 높여준다는 보장은 전혀 없다. 막연한 낙관이나 기대감으로 현재를 희생하고 미래를 바라는 건 참으로 어리석고 안타까운 착각이다. 오히려 이러한 기대치와 현실과의 괴리가 혼란과 좌절을 심화시키는 요인이 된다. OECD 국가 중 압도적으로 높은 자살률 1위라는 수치가 이를 증명해준다.

변화에 대한 책임은 스스로 짊어져야만 하는 것이다. 스스로 변화를 이끌지 못하고 타인에 의해 변화를 받아들여야만 하는 상황이라면 미래를 보장받을 수 없는 경우가 대부분이다. 개인도 국가도 마찬가지다.

스마트워크가 시대적 화두로 등장했지만 개개인의 자각과 성찰이 따르지 않는다면 그저 스마트기기와 제도에 종속되고자 노력하는 주객이 전도된 상황으로 전락하고 만다. 스마트워크의 개념부터가 개인주의 문화를 인정하는 것에서 시작했고, 직원 개개인의 역량이 스마트워크의 성공을 결정하는 요인이다.

　스마트워크는 생산성의 향상이 최종목적이 아니라, 인간 개개인의 존엄과 창의성이 최대로 발휘되는 수단이자, 다양성과 개성이 인정되고 이들이 조화롭게 협업함으로써 가치를 창조하는 방향으로 나아가야 한다. 이는 특히 선진국의 지표를 표면적으로는 다 갖추었지만 내실을 들여다보면 노동시간, 생산성, 자살률, 실업률, 노인문제, 행복만족도 등 부끄러운 실상이 오히려 악화되고 있는 대한민국의 당면한 과제이다.

　'산업화는 늦었지만 정보화는 앞서가야 한다'는 국가적인 목표의식을 갖고 달려온 결과로 이제는 세계 최고의 IT 보급률을 갖는 데 성공했지만, '잘 살아보세'로만 달려온 경제성장의 후유증처럼 스마트워크도 그저 스마트 기기를 온 국민에게 세계에서 가장 빨리 보급한 대기업의 잔치로 끝나서는 안 된다. 스마트 기기의 성능 또한 그저 데이터 전송 속도를 최고의 가치로 내세우는 '빨리 빨리' 문화의 연속인 듯해 안타깝다.

이 책을 통해서 스마트워크로 개개인이 무엇을 실현하고자 하는지, 이를 위해 어떤 시도를 할 것인지를 발견했기를 바란다. '나'라는 브랜드를 갖는 것이 스마트워크 시대의 경쟁력이자 결국엔 생존 전략이 될 것이다.

뿐만 아니라, 참신한 사고방식을 가진 사람, 의외의 발상을 가진 사람, 앞서가는 사람들에 대해서 선입견을 갖고 마음을 닫아버리는 일이 없도록 하는 것도 스마트워크 시대의 소통법이다. 집단지성을 활용하고 협업한다는 것은 그리 거창한 계획이나 의도가 있어야만 가능한 것이 아니다. 그 보다는 열린 마음이 관건이며, 이는 우리 사회의 대부분의 혼란과 반복의 원인이기도 하다.

또한 스마트워크는 시공간의 제약을 극복해 줄 수 있다는 점을 강조하고 싶다. 수도권으로 경제, 문화, 교육이 집중된 것이 현실이지만 지방 현장이나 공장에서 근무하는 것으로 인해 세상과 동떨어져 있다고 한탄만 할 것이 아니라, SNS를 활용해서 다른 사람의 활약과 노력에 자극을 받고 자기계발에 관심을 갖는 것부터 시작하면 된다. 무슨 일이든지 시작이 반이고 그러기 위해서는 자기계발의 동기부여가 관건이다.

　스마트워크는 단순한 IT 기기의 도입을 뜻하는 것이 아니다. 물론 삶의 방식을 변화시키는 거창한 목표도 좋겠지만, 일단 스마트워크를 통해 회사는 이익을 더 많이 실현하고 직원은 야근 없이 일찍 퇴근하는 것이 구체적인 목표가 되어야 한다. 이것을 기업이나 개인이 스마트워크를 도입하고 실현하는 목표로 삼아야 한다고 생각한다. 그래야 똑똑하고 살맛나는 세상이 되지 않겠는가.

이 책이 나오기까지 많은 분들의 관심과 도움을 받았습니다.

변화관리 김지혜·최은희·박미진·김진미·고수연·남윤희·문보라·
최진아·윤도연·장효진·김보라·김다정, 포스코교육재단 박한용 이
사장, 포스코 황석주 전무·최종진 상무·박미화 상무·박현수 팀장·
김동희 팀장·오지영·김철환·김군역 상무·유한빈·김민우·박경희·
김준성, 더키투웨이컨설팅 김시정 상무, 포스코ICT 최두환 대표이
사·이상대 상무, 이창복 상무, 클라우드사업추진단 권혁도 본부장·
오창식 그룹장·신수진 팀장·김도희·최승용·권순태·김제훈·김성
열·황우식·김주한·문종선·김태주·박주홍·박대용·전병수·신성균·
최성용·최영란·안광호 전무·류기선·염순구·손강호·구현정·이영
수·구자윤·강현·윤종엽·전광남·박상덕·박지혜·조윤영, 미래창조
아카데미 김영헌 전무·최응빈 전무·최중권 상무·홍성근 상무·김준
섭·홍성수·김현실·김민정·임성순·구나현·박춘성·우종회·김상락·
김수미·김철호·최용석·이희정·박현화, 4전5기 홍수환 한국권투위

원회장, 와이즈멘토 박정은, 한국생산성본부 이경상 단장·손정민 연구원, 포스코경영연구소 오인경 상무·정관수 박사,말리커피 이호석 대표, 가나안농군학교 김천명 실장·신민영·나영훈·김대환·조전범 대표, 하나투어 이원선 대표·이호형·이현아·이수향, 아이러브안과 박영순 원장, 멜버른 이유리·장소윤·진동엽 회장·우원식 코치·박준형·황광연·원덕상·김형석·이현준·박순·이병철·김용정·최양식·김병표·이상구·장세훈, 한국챔피언 강기준·김보영·김택민·이재성·강성대·박정환·권기록·권동원·유명구·유희정, 팝아티스트 낸시랭, 뉴비트린 황세진 대표, 다음 김수현, DHL 김상미, 모르니까타임즈 김석호 대표, IBM 정연경·노경민, 크레듀 김미정 박사, 디프리 김윤석 대표, 예일초 노지훈·권현지·김은정·김형석·조영주·김소연·이상용·김범수·이지훈·김동원·김영수·문중석·신혜·박정아·맹상윤·박보경·박민·박정아·배진형·성태현·송혜련·이선오·임현아·이자경·이준혁·이종원·임진수·전연경·정민재·조일상·이지훈·

이황호·이종훈·홍성욱·이상훈, 박순찬 화백, 중앙대 오영준·박경근·이재천·정권교·장인순·이희영·이진숙·임혜온, 중동고 조헌 선생님, 김상섭·임철하·이현식·김희선·이정훈·배형태·이용·신승용·임현준·신동준·서정범·최정욱·양지현·이진수·현용국·송정기·김태광·김동택, 브라질 정준호, 양정훈 코치, 후배 서정범, 다도학 김세리 박사, 원유준·유현준·정민호·이승원·김영석·차수정·김지현·최지영·김지현·변용현·정석원·조경수·이훈·권석홍·김호일·서진숙·정자림·강지연, 가수 정순교, 감사나눔 유지미, 허남석 대표, 허준영·김경필·김관주, FPS 박용배 대표, 한서돌 양현욱 대표, 박해섭·구자원·최학선본부장 임준 대표, 김진홍 대표, 박현주·김수정·이미나, 유티엔티 박지연 대표, PLIM 송인석 본부장, 아인스파트너 신경수 대표, 엄수정, 오페라플라워 김하늘 대표, 우희용 대표, 김유나·홍민기·윤정아 대표, 윤정은작가, 이지엠휴먼월드 임홍석 대표·임미경 이사·이명화·이민지·문여주, 취뽀 이희정, 올취 박명하, 이

윤주, ICT 이재준, 차이린 이정섭 대표, 포스와치 윤성진 박사, 김태식·조봉환, D-TEG 김근용 대표, 전민재·이현상, 로드FC 정문홍 대표, 염승학·김형준·변성재·변광재, 잡코리아 정주희, 런투컨설팅 안영식·주판준, HRI 박정웅·김정호·이지혁, IWELL 김성민 대표 박산솔, 오세훈·정부은·윤성환·장재안·윤석진·이장원·최병원·김근영·조성용·최성운·김현우·최병곤·문세진·소기수·김혜진, 코모도호텔 신성용 대표, 정윤림, 최주현, 마카우 최일준, BNG스틸 정일선 대표, 추연길 팀장, 홍승범 코치, 장로회신학대 박창훈 교수, 박은주, 성남시립합창단 조만기·이가화·황석하, 연세대 로렌 굿맨, 대명 김영배, STX 백기준, 신도스포츠 이상호·이상윤, 필라델피아 이현석, 양석환 대표, 양원근 대표, J&C 강석훈 대표, 김영덕 대표, 드러머 강민규, SBS유혜영, 전남드레곤스 박세연 대표, 나고야 조순래, OBS 최지해·유영선, 안랩 안병규 상무, 후배 양태호·박종필·정상훈·류재현·한상진·정희원·정희경·정진영·김지연·천정우·김혜원·황은영·

287

||||||||||||||||||||||||||||||||||||||||||||||||||||||||||||||||||||||||||||||||||||||||||||||

송진섭, 신용왕 본부장, 엄정자 팀장, 엔투비 이호열, 현대모비스 임다혜, 전경련 김송식 실장, Hou Jing Hou Chang, 이충미, 안토니오 유세비오·알렉산더 유세비오·빅토리아 유세비오, 이은숙, 이충기·이충조·이원기·이준기·김영민·정승연·이효영·이효주, 그리고 부모님께 감사의 마음을 전합니다.